# 미루나무는 그때도 예뻤을까

양혜정 수필집

### 미루나무는 그때도 예뻤을까?

초판인쇄 _ 2025년 03월 28일
초판발행 _ 2025년 04월 07일

지은이 _ 양혜정
펴낸곳 _ **다솜미디어**
펴낸이 _ 박미옥
주소 _ 서울·중구 충무로5길2, 502호
전화 _ 02-2269-9885
모바일 _ 010-2749-2485
E-mail _ ample2485@naver.com
ISBN _ 979-11-987082-4-3(03800)

값 15,000 원

※ 저자와 협의하여 인지는 생략합니다.
※ 잘못된 책은 교환해 드립니다.

# 미루나무는 그때도 예뻤을까

양혜정 수필집

▰▰▰ 책을 내면서

  제가 글을 좋아하지 않았다면 제 삶은 참 권태로웠을 거라는 생각을 한 적이 있습니다. 호기심 많고 생각도 많은 제가, 성격은 악착같지 않다 보니 돈 버는 재주는 없고 그렇다고 음주 가무를 즐기는 것도 아닙니다. 혼자 있는 것을 좋아하다 보니 여럿이 어울리는 일이 있어도 빨리 끝내고 집에 와서 자발적 고독을 즐깁니다.
  가끔은 여행 유튜브에서 눈여겨보았던 가르마 같은 초록의 산길을 친구와 찾아갑니다. 산도 보고, 바람도 느끼고, 뭉게구름 흘러가는 하늘과 만나면 그 기쁨은 참으로 소중합니다. 그 소중하고 고요한 시간이 좋아 산을 자주 찾습니다. 그리고 가끔 자전거를 타러 나갑니다. 마치 훨훨 날아오르는 한 마리 새가 된 것처럼 청명한 하늘 아래를 달립니다.

  어렸을 때는 읽을거리가 없었습니다. 간호사를 하던 고모가 사 주셨던 책 '소년중앙'을 너덜너덜해질 때까지 읽었습니다. 만화책도 무척 좋아해서 '엄희자' 작가의 만화를 좋아했습니다.
  그러다가 제 기억 속에서 '엄희자'라는 이름은 어느 순간 잊어버렸는데 60대가 되고 나서 어느 날 문득 검색해 보니 그분이 한국 순정만화의 지평을 열었다가 1983년에 미국으로 이민을 가버렸다고 합니다.

초등학교 때 그분의 만화를 보기 위해 용돈이 생기면 이웃 동네 만화방을 문지방이 닳도록 드나들었던 기억이 납니다. 그때부터 저의 꿈은 커서 결혼하면 '만화방 주인이 되는 것'이었습니다. 그런 소박했던 꿈이 막상 성인이 되고 갖은 문물을 대하다 보니 만화책이 눈에 들어오지 않았습니다.

제 어린 시절은 만화책과 학교에 있는 사과 궤짝만 한 학급 문고와 집에 있던 삼촌 고모들이 읽던 책을 닥치는 대로 섭렵했습니다. 그때 읽은 책 중에서 '나무들 비탈에 서다'와 '상록수'가 생각납니다.

물질이 만능이 되는 세상에서 돈벌이하러 나서지 않는 철없는 저와 만나 결혼 40주년을 맞은 남편에게 고마운 마음을 전합니다. 늘 뜬구름 잡듯이 사는 제가, 그리고 기계치인 제가, 살림하다 보면 남자의 손길이 필요한 곳이 얼마나 많았던지요.

하루에도 몇 번씩 우리 집 남자들을 부르면 바로 달려와서 도와주었던 남편과 두 아들에게 감사의 마음을 전합니다. 온종일 직장에서 시달리고 집에 오면 만사가 귀찮을 텐데 무거운 몸 일으켜 도와주는 귀한 마음 정말 고맙습니다.

책을 출판하기로 마음먹으면서 이제야 감사한 마음을 전합니다. 제가 어릴 때 병으로 돌아가신 아버지와 건강이 좋지 않은 엄마에게, 글 쓰는 재능까지 물려주셔서 고맙습니다.

만약, 글을 쓰지 않았으면 감성의 진폭이 남달랐던 제가 이 풍진風塵세상을 어떻게 살아냈을까를 생각하면 가슴이 아립니다.
 해박한 지식의 보고이신 박상륭 교수님께 감사의 말씀 전합니다. 멀리, 넓게 보시면서 섬세한 감성으로 세상을 보듬고 계시니 든든합니다. 그리고 함께 글공부하는 도반들도 고맙습니다. 문우들과의 우정도 각별해서 서로에게 위로와 격려가 되고 자극이 됩니다.

 오랫동안 아름다운 이 길을 함께 걸었으면 좋겠습니다.

양 혜 정

## 차례

004 | **책을 내면서**

## 제1부

### 꿈속의 포인세티아

015 | 3월의 크리스마스
023 | 그녀의 안녕
028 | 그때 그 사람
035 | 그때, 너는 어디쯤 오고 있었니?
042 | 꿈속의 포인세티아
048 | 미루나무는 그때도 예뻤을까?
054 | 지나간 여름밤 나체의 향연
058 | 책의 향기
063 | 청춘의 독서

## 제2부

## 용기

071 | 주말은 부재중
076 | 푸른 금대계곡
082 | 남편의 감사패
088 | 용기
093 | 우리 집 오바마와 부시
098 | 새댁
104 | 집, 나갈 거야
110 | 프랑스 중위의 여자
114 | 밤
119 | 은행 드세요

## 제3부

## 바람이 전하는 말

127 | 공룡능선
135 | 그는 어디에 있는가!
142 | 내 친구 별이
147 | 바람이 전하는 말
151 | 소년을 얕보지 마라
156 | 시간에 기대어
160 | 책 속에서, 책 바깥에서
165 | '산실이'
169 | 코카인 댄스 춤을 추는 그녀

## 제4부

### 따뜻한 별 하나

179 | 상일동 모지리 1
186 | 상일동 모지리 2
190 | 상일동 모지리 3
195 | 상일동 모지리 4
199 | 그곳에 두고 온 이야기
205 | 너와 나의 해방일지
212 | 따뜻한 별 하나
217 | 망했다, 비 온다.
225 | 사랑의 맹세, 38년
229 | 여전히 멋있어 너는!

## 제5부

## 연꽃마을 하얀 집

241 | 광대
246 | 이별 의식
250 | 연꽃마을, 하얀 집
254 | 내게도 이런 행운이
259 | 11개의 택배 상자
263 | 사랑해 그리고 기억해

269 | 해설_모든 문학은
             이야기에서 출발한다

미루나무는 그때도 예뻤을까

제 1 부

**꿈속의
포인세티아**

# 3월의 크리스마스

그해 3월은 큰 눈이 내렸다. 흰 눈을 뒤집어쓴 가로수들은 열병식 하듯 눈 갑옷을 입고 서 있었고, 그 위로 햇살은 눈부시게 반짝였다. 상일동에 있는 고일초등학교로 전학하여 며칠 되지 않은 아들들은 수업이 끝나고 함박눈을 맞으며 집으로 오던 중, 아파트 한쪽 공터에서 눈싸움했다는 이야기를 무용담 늘어놓듯이 신나게 들려주었다. 눈 위에서 누웠다가 뒹굴었다가 했더니 눈이 코로 입으로 들어오더라며, 얼굴은 벌겋게 얼어 있어도 표정은 상기되어 있었다.

결혼 후 신혼살림은 인천에 있는 시댁에 들어가서 살았다. 남편 직장은 서울 광진구 광장동에 있었다. 그이는 버스와 전철을 몇 번씩 갈아타며 다녀야 해서 힘들어하다가 다음 해 봄, 결혼 6개월 만에 우리는 서울로 살림을 났다.

700만 원 하는 암사 아파트 9평을 전세로 얻었다. 두 가구가 한 화장실을 쓰는 열악한 환경이었다. 남편이 제대 후 직장생활을 해서 모은 돈 260만 원과 내가 전자제품 사려고 모아두었던 돈 120만 원, 그리고 작은 방 하나를 회사 동료 아가씨에게 100만 원에 세를 놓고 모자라는 돈은 빌려서 시작했다.

그 당시 1986년도 남편 월급이 29만 원 정도였다. 적금 붓고, 연탄 넣고 세금을 내고 나니 생활비는 한 달에 삼만 원 정도가 남았다. 거의 매일 인근에 있는 암사시장에서 천원에 다섯 마리 주는 오징어를 사 와서, 무 넣고 끓인 오징어 국만 먹고 살았다. 어느 날은 빵을 좋아하는 그이가 월급봉투를 받아 오면서 삼천 원을 덜어 빵을 사서 안고 만면에 웃음을 달고 퇴근했다. 그 일로 둘은 밤새워 싸웠다.

2년 반을 살고 나니 평소 친분이 있던 부동산 사장님이 지금 900만 원 하는 이 아파트를 사 놓으라고 하셨다. 나는 쥐가 수시로 들락거리고 연탄가스 냄새도 많이 나는 낡은 아파트가 싫다고 말씀드리며 조금 넓은 빌라를 얻어 전세를 갔다.

꽃밭에는 갖가지 꽃을 볼 수 있었다. 책상도 사고 책장도 들여놓고, 키우기 까다롭다는 바이올렛이 뿌리내리는 것을 들여다보며 재미나게 살고 있었다. 6개월 지나니 주인이 들어온다는 통보에 또 부동산을 드나들었다.

이번에는 암사시장 근처에 있는 넓은 이층 주택이었다. 거실과 베란다가 운동장만 했다. 그때까지도 세탁기를 살 형편이 못 되는 나는 추운 겨울에도 이불 빨래를 손으로 했다. 옥상에 올라가면 멀리 아차산이 그리운 고향 산천처럼 마주 보였다.

결혼 4년이 넘도록 아기가 생기지 않던 나는, 거기에서 바로 밑에 여동생이 입덧하는 뒷바라지를 했다. 동생도 내가 눈물을 삼키며 해 주는 밥을 먹으며 얼굴에 살이 붙고 있을 때였다.

1년을 살고 나니 또 주인이 들어온다고 해서 '벼룩시장'을 들고 집 보러 다녔다. 1989년, 그 당시 단지마다 조금 차이는 있겠지만 고덕주공 16평 매매가가 4,600만 원이었다. 장기 융자가 500이 포함되어 있었다. 문정동 새 빌라는 장기 융자가 1,500만 원 포함, 4,300만 원이었다. 현금이 부족한 우리는 방 한 개를 전세 줄 요량으로 축대만 올라간 문정동 빌라를 보러 갔다가 덜컥 계약했다. 그것도 저녁에.

우리를 소개해주시고 남편과 같은 직장에 다니던 친정 작은아버지께서 '퇴근하면 같이 보자'라고 하셨는데도 이사하는데 진력이 난 남편은 그냥 계약해버렸다. 그것도 반지하에 말이다. 위에 층과는 400만 원 차이가 났지만 더 이상 모자라는 돈을 어찌해볼 도리가 없었다. 그렇게 문정동과의 인연은 시작되었다.

4년 동안 아이가 없던 나는, 절에 가면 부처님께 '아이 하나만 갖게 해 달라'고 기도했는데 그것이 그대로 꿈에 보였다. 그리고 두 달 후에 태기가 있었다.

입덧이 얼마나 심하던지 마스크를 쓰고 다녔다. 그냥 널브러졌다. 지하라 그런지 몸이 약해 그런지 냄새 때문에 숨을 쉴 수도 무엇을 넘길 수도 없었다. 4년 만에 갖는 아기라서 움직이는 것도 겁이 났다.

냉장고에서 김장김치를 꺼내 달걀부침과 밥을 해 먹던 남편은 내게 얼마나 야단을 맞았는지 모른다. 문지방 앞에 서 있는 남편에게 김치를 당장 내다 버리라고 화를 냈다.

남편은 현관문 밖 계단 밑에 두었던 김치 통을 밖으로 가지고 나가는 듯했다. 그런데 알고 보니 집 뒤란, 고무대야 통 안에 숨겨 뒀었나 보다. 숨겨 두었던 김장김치를 입덧이 끝나고 나서 맛있게 볶음밥을 해 먹었다.

  큰방과 작은 방에는 햇살 한 줌이 들어오지 않았다. 한 뼘의 빛이 그리 귀한지는 그때 처음 깨달았다. 햇살이, 하늘이 보고 싶어 늘 목이 메었다. 전세를 내놔도 보러오는 사람도 없었다. 장마가 시작되면 하수구가 그 많은 물을 다 감당할 수 없었는지 베란다 쪽 배수구로 물이 올라와서 빈 항아리들이 둥둥 떠다녔다. 나는 연신 물을 퍼내기에 바빴다. 집은 축축했고 항상 곰팡 냄새가 났다. 비를 좋아하던 내가 비 온다는 예보를 보면 걱정부터 앞서던 시절이었다.

  바로 위층에는 노부부가 가락시장에서 야채 장사를 하셨다. 매일 늦은 밤에 무거운 몸을 끌고 오시다시피 했는데, 살림은 장성한 청년이 하는 듯 보였다. 아들은 서울에 있는 4년제 대학을 나왔다는데도 무위도식했다. 툭하면 술에 절어서 집안의 세간도 부수고 경찰차도 수시로 들락거렸다. 이웃 주민이 가끔 신고하는 것 같았다. 나는 겁도 많지만, 임신해서 신경도 예민한 탓에 크고 작은 소리가 무서웠다.
  언젠가 밖에서 위층 총각과 마주쳤을 때 안 좋은 시선을 던졌더니 그때부터 앙심을 품고는 시시때때로 쿵쾅거렸다. 어느 날은 부엌 쪽 담벼락에 서 있다가 거실에 있는 나와 딱 눈이 마주쳤다. 우리 집을 보며 낫으로 돌담을 찍고 있었다. 경악할 지경이었다. 식은땀이 연신 흘러내렸다. 그때부터 이사 나올 때까지 하루라도 맘 편히 살지 못했다.

언젠가는 총각이 한동안 보이지 않아서 그 집 아주머니에게 여쭈었더니 시골 친척 집에 보냈다고 했다. 그것도 잠시, 얼마 후 골목에서 딱 마주쳤는데 그때부터 또 바들바들 떨었다. 남편이 올라가서 얘기한다고 했는데도 못 가게 말렸다. 괜히 잘못 건드렸다가는 어떤 낭패를 볼지도 몰라서였다. 총각 엄마도 그가 술에 취했을 때는 옆 사람에게 하듯이 말했다.

"그러지 마라."

작은 목소리로 지나가듯이 아들의 성정을 건드리지 않으려는 듯 보였지만 나는 그것도 못마땅했다.

문정동으로 이사 온 지 8년 만에 친정에서 땅을 팔아 목돈을 올려주셨다. 마침 미국에 있던 남편 회사도 대만에 있는 회사로 넘기면서 퇴직금이 나왔다. 그 돈을 합치고 모자라는 부분은 은행에서 대출을 조금 받아 고덕주공 16평을 전세 끼고 구매했다. 8년 전보다 두 배 반이 올라 있었다. 그 집을 살 때는 부동산에 밝은 여동생이 발품 팔아 뒀다가 같이 샀다. 동생 집과는 아파트 옆 통로 아래위층이었다.

다음 해 2월, 봄방학이 되었다. 작심하고 아들 둘은 고덕동 동생 집에 맡겨놓았다. 살고 있던 빌라를 전세로 내놓으려고 청소하다가 피곤한지 깜박 졸던 틈에 꿈을 꾸었다. 어렸을 때 변비가 심해서 고생했던 큰 애가 응가를 하는데 어른 주먹보다 큰 변이 쏙 하고 나왔다. 그리곤 꿈을 깼다. 느낌이 좋았다.

  바로 부동산에서 집 보러 온다는 연락이 왔다. 방송국 어린이 프로에 나오는 성우라고 했다. 전세 3,800만 원을 보러 왔다. 그냥 전세금에 가져가라고 했다. 그분은 다시 꼼꼼하게 둘러보시더니 계약하자고 하셨다. 다행히 그 전 해에 집을 편리하게 수리해서 깔끔했다. 방 세 개 중에 한 개를 거실로 만들어 놓았었다. 전등도 곳곳에 켜 두었다. 마침 저녁 무렵이어서 다행이었다. 4,600만 원에 매수해서 10년 살고 3,800만 원에 매도하고 미련 없이 그곳을 떠났다. 다들 아들 둘 얻었으니 그것으로 감사하라고 주위에서 위로해주었다.

  문정동에서 상일동으로 이사하던 날은 봄 학기가 시작될 즈음이었다. 큰 애가 초등학교 4학년이었다. 녀석이 학교 끝나고 집에 오더니 이삿짐센터 직원들한테 일일이 감사하다고 인사를 하면서 다녔다.

  앞에는 멀리 하남에 있는 검단산이 능선 따라 줄달음치고 집 뒤는 산이었다. 초봄이면 연분홍 진달래가 소나무 사이로 언 듯 언 듯 보이고, 고라니가 가끔 숨어 있다가 나와 눈이 마주치면 도도한 녀석은 무심하게도 슬그머니 고개를 돌리고 가 버렸다. 가끔 딱따구리가 나무를 쪼고 있는 이곳은 내게 애정이 샘솟게 했다.

  어느 나른한 봄날이었다. 거실 소파에 누워 책을 읽고 있다가 하늘을 보았다. 연분홍 나비 떼가 춤추듯이 하늘로 솟구치다가 아래로 곤두박질쳤다. 무슨 영문인지 몰라서 아슴아슴한 눈으로 보고 있다가 창가로 갔다. 집 앞 큰 벚나무 몇 그루에서 봄바람에 꽃잎이 그네를 타고 있었다. 바람이 아래위로 불었나 보았다. 그 향기로운 기억은 때때로 나를 행복하게 한다.

또 어느 날은 뒷산에서 산책하고 있었다. 어느 틈에 피었는지 여린 솜털을 달고 앙증맞은 할미꽃 몇 그루가 무덤 옆을 지키고 있었다. 작은 녀석에게 보여주고 싶어서 뛰다시피 집으로 왔다. 만화책을 보고 있던 아들을 불러 같이 갔더니 그사이에 누군가의 손을 타버렸던 씁쓸한 기억도 있다.

이 집을 사서 3년 전세를 놓고 16년은 들어와서 살았다. 그리고 재건축이 되었다. 단지가 작아서 이주와 입주가 다른 곳보다 빨랐다. 마침 남편이 작년에 명예퇴직하고 자그마한 곳으로 이직을 한 상태라 퇴직금이 나왔다. 땅 지분이 많아서 무상으로 25평을 받을 수 있었는데, 우리는 34평을 신청했다.

입주가 되기 전, 새집 사전 점검하는 주말에는 장성한 두 아들들도 함께했다. 녀석들도 즐거운지 이리 뛰고 저리 뛰듯이 돌아보았다. 인테리어를 멋지게 해 놓은 '구경하는 집'을 보니 조금 욕심을 부려보고 싶은데 돈이 문제였다. 망설이고 있던 차에 직장 다니는 큰아들이 자기도 일부 부담한다고 공사를 시작하자고 했다.

가족이 주말만 되면 이곳에 들러 돌아보고 만져보고 하던 날들이었다. 그리고 그해 2018년 12월 23일 입주했다. 며칠 동안 엄동설한이더니 이사하던 날은 바람도 불지 않고 따뜻했다.

3월에도 함박눈이 내렸던 그해, 하늘도, 산도, 도로도 온통 눈밭이던 그날은 녀석들도 식탁에 앉아 밤늦도록 눈싸움한 이야기를 주고받았다.

# 그녀의 안녕

　사랑의 속설은 파멸이지. 사랑은 본질적으로 불가능한 것이요. 어쩌면 생과 반대편에 있는 것 같애. 그래서 사람들은 사랑이냐, 생이냐의 갈림길에서 종종 생으로의 투항을 강요당하는 것이고. 행복한 생이란 자기의 사랑과 상대의 사랑, 그리고 유실되는 시간에 대한 기만을 무거운 관용으로 끌어안고 가는 서글픈 미학이지.
　　　　　　　　　　　- 전경린 『아무 곳에도 없는 남자』 중에서 -

　자기들은 운명이라고 호언장담한다. 대학 다닐 때 만났던 남자친구의 회사가 첨단업무단지란 명목으로 우리 동네 근처에 와 있는 것만 봐도 알 수 있지만, 그 회사 주식을 매입해서 품 안의 자식 보듬듯이 오랜 기간을 공들였던 것만 보아도 그렇다는 것이다.
　그때는 그가 그 직장에 다니는지도 모른 채 안정된 우량주만 거래하기를 고집하는 그녀의 야무진 성격상 그랬을 거다.
　"메일을 보내도 될까요?"
　묻는 물음 뒤에는 마음속으로 벌써 몇 통의 편지를 보낸 설렘이 스며드는 것을, 슬쩍 머리를 쓸어 올리며 바라보는 눈빛에서 난 이미 읽어버렸다.
　닭발에 맥주 한 잔을 앞에 두고 그녀를 만류해 보지만 이미 마음은 그를 향해 쏘아 올린 화살이 상대의 심장 주위를 서성인다.

그녀와 난 오래전에 평생교육원에서 수강생으로 만났다. 얼굴을 익힐 즈음 그녀가 우리 동네로 이사를 왔다. 나보다 몇 살 어린데다 고향도 같아서 요즘 말로 코드가 잘 맞았다.

한 달에 한 번씩 동네 닭발집에서 만나기 시작한 지 대여섯 번쯤 되었을까. 육고기를 그다지 좋아하지 않는 내게, 콜라겐 운운하며 온갖 미사여구로 나를 숯불 앞에 앉혔다. 그리고 대학 때 스쳐 간 남자를 이야기했다. 주제는 그녀 주위 사람들에 대한 상담이 대부분이었다.

캐나다로 유학을 보낸 딸에 대한 주체할 수 없는 그리움이라든지, 유머라고는 약에 쓰려고 해도 찾아보기 힘든 재미없는 남편의 흉이라든지, 지지리도 궁합이 맞지 않는 시어머니가 시동생 결혼할 때는 손아랫동서의 패물을 그녀보다 훨씬 차이 나게 해 주는 바람에 시어머니는 설탕으로 버무려도 쓰다는 서양의 속담을 빌리지 않더라도 가까이하기에는 너무 먼 당신이 되어 버렸단다. 우리나라 최고의 대학을 나온 시동생과 그에 버금가는 동서의 꼴불견도 시어머니 날개 밑에서 한 몫을 했다지. 어쩌다 아주 가끔 주식 이야기할 때도 있었다.

상냥한 그녀가 들려주는 이야기는 새콤달콤하면서도 톡 쏘는 탄산음료처럼 지극한 자극을 동반했다. 만난 지 한 달이 다가오면 어째 연락이 올 때가 됐는데 하면서 휴대전화기의 문자를 기웃거리곤 했다.

그녀는 남자친구를 지방 어느 국립대학에서 처음 만났단다. 미팅 때 친구들이 머릿수 채워야 한다는 성화에 따라 나갔다가 상대 남자의 넘치는 카리스마에 끔뻑 넘어가 버렸다고.

둘의 특별한 추억이라면 학교 뒷산을 올라갈 때 스치듯 잡힌 손이 고작이었다는데 아직도 그를 기억하는 이유는 아마 그녀의 남편보다 훨씬 남자다워서였다고 스스로 결론을 내렸다.

그녀가 옛 남자친구의 연락처를 알아낸 것은 같은 동문이었던 남편 앞으로 주소가 실린 책자가 배달되고 나서란다. 그녀의 남편이 신청했나 보았다. 혹시나 하는 마음에 이름을 찾으니 주소와 직장명과 직위, 그리고 이메일주소까지 자세하게 기록되어 있더란다.

그때부터 심장은 흥분의 도가니. 그녀는 자기가 그 책자에 이름을 올리지 않은 것은 혹시라도 누군가가 봤다면 연락해 올 남자가 인산인해를 이룰지 모르기 때문이란다. 밉지 않은 그 말에 난 눈을 흘기며 으름장을 놓았다.

"잔잔한 호수에 돌을 던지지 마라. 이 마음에서 그랬구먼. 그렇게 못생기고, 까만 피부에 키도 작으니 당장 때려 치아라 마! 한 번을 그리워해도 그림이 되어야지, 혹시라도 메일 하게 되면 마침표 하나라도 빼 먹지 말고 다 고해바치라."

"그래서 내가 부담이 없거든요. 내 청춘의 한 때 한창 꽃나무에 물오르던 시절, 외모가 받쳐주지 않는 사람을 몇 번씩이나 만났다는 것도 불가사의한 사건이지만, 아직도 가끔 생각이 나는 것은 분명 남다른 매력이 있었던 것 같아요. 주위를 보더라도 그림이 좋은 남자보다는 외모는 부족하더라도 유머 있는 남편을 둔 여자들은 얼굴에서 웃음이 떠나지 않더라고요."
 그 말은 사실인 것 같다. 얼마 전 닭발집에서 어느 여자분이 강동에도 이런 미인이 있냐고 했을 정도니깐. 보기 좋은 그림에 홀려서 자기 무덤을 깊게도 팠다고 한 푸념 늘어놓는 그녀의 남편은 훤칠한 키에 미남에다 지적으로 보이는 얼굴이다.
 어디선가 들은, 약간 고독해 보이는 연애 상대로는 최고의 남자. 그런데도 그녀가 답답해하는 것은 결혼 후 지금까지 한 번도 흐트러진 모습을 보인 적이 없는 A형이었다.
 남에게 그런 모습 보이는 것을 수치로 여기는 남자. 항상 단정해야 하고, 깔끔해야 하고, 정확해야 한단다. 그런데다 짠돌이였다. 오죽했으면 결혼하기 전 데이트 비용을 반반씩 부담하자고 선포했겠느냐면서 입에 거품을 물었다.
 내가 그 회사 주식을 얼마나 좋아했는지 알지 않느냐면서 그녀의 동창이 그 남자의 친구랑 결혼했다는 것도 최근에 알았단다. 동문회 책자를 계기로 얼마 전 친구와 통화를 했단다.
 잃어버린 30년 세월을 찾은 듯한 쾌활함이 매콤한 닭발 사이를 둥둥 떠다녔다. 절대로 만나지 않을 거란다. 탄력 잃은 피부와 건조한 눈매에 윤기 없는 머릿결과 검버섯 드문드문 피기 시작하는 손등으로 만나서 청춘의 한 시절을 허물어버릴 자격은 없다고 했다. 그리고 예전의 단정하고 앳된 모습으로 남고 싶다고 말했다.
 손 한번 잡아 준 기억밖에 없다지만 여럿이 있는 자리에서는 호령하듯 분위기를 제압했다는 그녀의 추억 속 그 남자.
 그녀는 혹시 전경린의 『아무 곳에도 없는 남자』처럼 지금의 남편과 반대되는 성격의 남자를 '미지의 연인'으로 만드는 작업을 마음속으론 끊임없이 하는 것은 아니었을까.

한동안 연락이 없던 그녀를 우연히 길에서 만났다. 무척 수척해 있었다. 눈은 깊어 있었고, 몸의 중심도 불안해서, 순간 가슴이 덜컥 내려앉았다. 우선 길옆 의자에 앉아서 그동안 무슨 일이 있었느냐고 물었다.

시어머니가 별세하셨단다. 임종도 지키지 못한 시어머님에게 참 죄스럽다며 울먹였다. 서운한 점도 많았고 미움도 컸는데 훌훌 털고 가셨는지 몇십 년 동안의 갈등은 싱겁게 끝났단다. 이제는 어떤 것이든 욕심도, 집착도 없단다. 주어진 대로 살 거란다. 내 것이 아닌 것에는 절대로 탐내지 않을 것이며 눈길도 주지 않을 거란다.

나는 요즘도 가끔 그녀를 만난다, 인생을 달관한 듯 보였다. 그녀가 추억 속 남자에게 보내고 싶은 메일은 이제 내 글 속에 남아 있을 뿐이다. 멀어져간 그녀의 카리스마에게 안녕을 고한다.

# 그때 그 사람

　목화꽃 송이를 K의 자취방에 걸어두고 나올 때의 설렘을 지금도 기억한다. 나와 같이 자취를 하는 내 친구 순옥이의 고향, 경남 함안군에서 목화를 처음 보았을 때의 감동은 경이로웠다.
　솜털처럼 하얗고 몽글몽글한 그 꽃은 산모롱이를 돌아가는 작은 밭에서 저물어가는 늦가을의 길손이 되어 나와 만났다.
　내가 느꼈던 이 벅찬 감회를 K에게도 보여주고 싶어서 주인 없는 자취방에 순옥이랑 갔었다. 그 당시에는 문단속하지 않아도 되던 시절이어서 그의 방 액자 위, 창가, 비키니 옷장 위에다 꽂아 놓고 서둘러 나왔다.
　K가 이 목화꽃을 보면서 여느 때처럼 또 상념에 잠겨 있겠지 싶었다.

　K를 만난 것은 고2 때 자췻집 옥상에서다. 비좁은 방보다 시원한 곳을 찾느라고 옥상에 올라가면 언제나 그 친구가 있었다. 젖은 머리를 말리면서 장승처럼 우두커니.
　내가 그 애에 대해 아는 것은 고향 친구와 자취한다는 것과 학교 갔다 오면 태권도 학원을 간다는 것이었다. 가끔 하굣길에 자췻집 대문 앞 연탄재 버리는 곳 가까이에서 스치듯 지나치거나 그가 도복 입고 오갈 때, 뽀얀 흰 고무신을 신고 무심히 지나갔다는 거다.

  언제부터 나는 자물쇠가 달린 일기장에 그 친구에 대한 관찰 일기를 쓰기 시작했다. 말 한 번 주고받지 못한 채 몇 달을 지켜보고 있다가 나도 모르게 스며들었다.
  사춘기라 그랬는지, 겉멋이 들어 그랬는지 그 당시 읽고 있는 책도 전혜린의 『그리고 아무 말도 하지 않았다』이거나, 릴케를 사랑하며 니체, 프로이드 등 당대 최고의 천재들에게 영감을 주었던 루 살로메의 평전을 읽거나, 루이제 린저의 『생의 한가운데』를 만나고 있던 때라, 뜨겁지 않으면 차가운 탓에 가끔 염세주의 흉내를 내곤 했다.
  그래서일까. 말이 없는 그 친구 K가 내 시야에 들어 왔다.

  며칠 동안 K가 보이지 않았다. 그의 친구에게 물어보니 아버지가 돌아가셔서 고향에 갔다고 소식을 전해주었다. 그리고 몇 날이 지나 휘영청 밝은 달밤에 옥상으로 올라가니 어느 틈에 왔는지 K가 팔짱을 끼고 달을 보며 서 있었다.
  슬픔이 고여 왔다. 동병상련이 이런 것일까? 그리고 얼마 있다가 K의 친구가 내게 그의 쪽지를 전해주었다. 자세한 내용은 기억나지 않지만, 이사를 할 거라면서 좋은 친구가 되자는 취지였던 것 같다. 그때부터 쪽지는 가끔 오고 갔다.
  그즈음 나는 주말이면 집에 가거나, 기타를 배우러 나서거나, 요들송을 배우러 다니면서 친구들과 어울려 다녔다. 어쩌다 자췻집에서 기타 연습한다고 딩딩거렸는데 K는 들었는지 못 들었는지 학교와 도장만 열심히 오가는 듯 보였다.

  그 후 K는 근처에 있는 다른 집으로 이사를 가버렸다. 나는 허전하기보다 오히려 한결 편안했던 느낌이 더 컸던 것으로 기억된다.
  그가 이사 가고 난 어느 날, 상점에서 무엇을 사고 있는 K를 발견했다. 장난기 많은 내 친구들이 '그때 그 사람' 노래를 부르니 K가 혼비백산해서 도망을 가버렸다.
  또 어느 날은 친구 순옥이가 어디를 가다가 K와 우연히 마주쳤는데 나를 찾더라는 거였다. 나를 찾는다는 그 말은 또 얼마나 가슴 두근거리게 하던지.
  서로 쑥스러워 얼굴 한 번 마주 보지 못한 채 연말을 맞았다. 나도 결단을 내려야 했다. 뭔가 특별한 새해를 맞고 싶었다. 감수성이 예민할 때라서 그랬는지 제야의 종소리를 라디오로 들으면서 밤을 지새워야 하는 줄 알았던 때였다. 보내는 것과 새로 맞이하는 것의 의미를 무척 크게 두던 시절이었다.
  방학을 맞아 고향에 내려갔다 온다는 그에게, 잠시 내가 사는 집 앞에서 만나자는 쪽지를 써서 그의 방 창문에 끼워두었다. 그리고는 집에 와서 일기장을 꺼내 자물쇠로 채우고 포장을 했다.

  다음날, K가 방학 잘 보내라는 인사를 하러 왔을 때, 몇 개월간 써 내려간 내 하얀 짝사랑을 떠나보냈다. 절대로 마산을 떠나기 전에는 보면 안 된다는 당부도 잊지 않았다.

다음 날, 나도 집으로 가려고 준비하고 있는데 같이 자취하는 친구 순옥이가 외출하고 들어오더니 K가 문 앞에 서 있더라고 전해주었다. 언제부터 있었는지 본인도 모르겠단다.

　순옥이의 말에 화끈 달아오르는 내 얼굴과 쿵쾅거리는 가슴을 거둘 여유 없이 이불을 뒤집어썼다. K를 도저히 마주 볼 용기가 나지 않았다. 그렇지만 한참을 밖에 세워 둔 채 나갈 수도, 무엇을 할 수도 없었다.

　그녀는 가끔 밖을 들락거리면서 말동무하는 듯했다.

　"추운데 세워 두면 감기 걸리니 큰 길가에 있는 빵집으로 가라."

　빵집이라니! 온몸이 후들거려서 일어설 수도 없는데 빵집이라니! 그래도 마냥 이렇게 있을 수는 없었다.

　겉옷도 걸치지 않은 채 몇 집 건너에 사는 다른 친구 집으로 도망을 가버렸다. 친구가 갑자기 웬일이냐고 물어서 여차여차해서 왔다고 했더니 자기 코트를 꺼내어 내 어깨에 걸쳐주면서 말했다.

　"내 몫까지 좋아해 주고 챙겨줘라."

　친구가 눈물을 글썽거렸다. 그때의 묘한 감정. 당황스러움과 뭉클함이 함께 왔다. 내 친구와 이 말 없는 친구 K는 같은 학원에 다니는 막역한 사이인 것만 알았지, 친구가 K를 마음에 두고 있다는 것은 생각도 못 했다.

　가끔 더울 때 보온물통에 냉커피를 타 주면 잘 먹더라는 이야기만 들었었다. 내 친구도 추운데 K를 밖에 세워 두지 말고 같이 나가서 시내를 걸으며 빵집에도 가라고 말했다. 아마 어젯밤부터 굶었을 거라면서.

 나는 용기를 내서 K가 기다리고 있는 대문 앞까지 왔다. 얼굴 볼 용기가 없어서 땅만 보고 걸으며 얘기했다. 같은 방향으로 걷기만 하니 마주 보지 않아서 좋았다.
 마산 시내 명동거리를 두세 시간 걷다가 그 친구는 자췻집으로 가고 나도 순옥이가 기다리는 집으로 왔다. 잠시 만난 기쁨에 들떠서 집에 있는 순옥이에게 이야기를 어떻게 전했는지 모르겠다.
 K가 내 눈에 들어올 때부터 그도 같은 감정을 느꼈다는 것, 그래서 더 자주 옥상에 올라갔다는 것, 서로 불편할 것 같아서 이사했다는 것과 내가 기타를 배우러 다니길래 그도 기타를 배운다는 것을 알게 되었다.
 참 아이러니하게도 그때의 묘한 기분은 무엇이었는지 홀가분했다. 나 혼자만의 마음이 아닌 것을 확인해서 그런 것 같았다. K는 막상 둘이 만나니 조곤조곤 이야기를 잘 풀어나갔다.
 방학이 끝나고 K가 시간 나면 내 친구 순옥이랑 자기 자췻집에 잠시 들르라는 쪽지를 남겼다.
 그즈음 내가 그에게 일기장을 준 사실을 내 친구 H가 알고 노발대발했다. 결혼할 때 일기장이 발목을 잡는다는 거였다. H는 친구 중에서 리더 역할을 하던 친구다. 생각이 많은 것 같으면서 성격은 활기차서 매사에 자신감이 넘치는 팔방 미녀였다.
 나는 H가 그렇게 화를 내는 것이 싫었다. 그리고 이렇게 복잡한 마음으로 끌고 갈 자신이 없었다. 그런 일이 있고 난 후 마음을 접고 나니 이제는 전처럼 가슴 뛰거나 설레지는 않았지만, 가슴속에서는 늘 잔물결이 일었다.

  순옥이와 K의 집으로 가니 그는 기타를 치고 있었다. 눈을 감고 로망스를 연주하는 옆모습과 가늘고 긴 손가락이 참 슬퍼 보였다. 표현력도 없고 말도 없는 그가, 워낙 깔끔해서 가끔 스치면 비누 냄새가 나는 그가 지금 내 앞에서 기타로 이야기하고 있었다.

  새 학년이 올라가고 봄이 왔다. 내게 처음으로 설레는 감정을 알게 해 준 K에게 떠나는 마무리도 멋있게 하고 싶었다. 마산공설운동장으로 해거름에 나오라고 했다.
  텅 빈 운동장 계단에 서 있는 K는, 봄 되면 내 친구 순옥이와 자기 친구하고 넷이 가포 앞바다에 보트 타러 가자고 했다. 내가 무슨 마음으로 나왔는지 모른 채 말이다.
  어떤 이별의 말을 했는지 기억나지 않지만, 가뭇가뭇 해가 기울던 저녁나절 노을만 생각났다.
  그 뒤로 그가 두어 번 자취방 창문을 두드렸지만 나는 모른 척해버렸다. 그리고는 한 번도 만나지 못했다.

  심수봉의 '그때 그 사람' 노래가 전파사마다 울려 퍼질 때, 잠시 만나 내 설익은 감정을 쏟아부으며 썼던 하얀 일기장, 그 일기장이 가끔은 그립다.
  K와 둘이 빵집 한 번 가보지 못한 채 나는 이렇게 살고 그 친구는 여전히 조용하고 순수하게 잘 살겠지 싶다. 그리고 코트를

내 어깨 위에 걸쳐주며 자기 몫까지 챙겨주라는 밝은 내 친구, 미연이의 따뜻한 마음이 아직도 그 시절과 함께 뭉클하다.

아마 그때 나는 전혜린에게 빠져서 유럽의 회색빛 하늘과 가스등과 사랑이라는 실체도 없는 고독을 동경했던 것이 아니었을까

# 그때, 너는 어디쯤 오고 있었니?

　꿈이었구나. 혼곤한 잠에서 깨니 정물화를 보듯 선명하다. 두 손을 가지런히 모으고 무릎을 꿇은 채 부처님께 엎드려 빌었다.
　"아이 하나만 갖게 해 주십시오. 기다린지 몇 년째, 저희는 점점 지쳐가고 있습니다. 제 소원을 한 번만이라도 들어주십시오."
　절절히 기도하는 가련한 내 모습이었다. 그 옆에는 어느 신도가 두고 갔는지 금 브로치가 놓여있었다.
　손으로 살짝 밀쳐두고 비통한 표정으로 간절히 기도하는 평소의 내 모습이 꿈속에서도 보였다. 초라하게 지쳐 바스러져 가던 슬픈 영혼.

　결혼 후 3년이 되도록 아이가 없었다. 산부인과로 유명하다는 강남의 모 병원에서 남편과 둘 다 검사를 받았지만 아이 갖기에는 아무런 결함이 없다고 했다. 몇 년을 기다리는 동안 점점 정신은 황폐해지고 육체는 푸석거리며 살이 빠졌다.
　임신에 관한 책이라면 어느 출판사 것이든 사서 탐독해 보았지만, 이론은 해박해서 뭐 할 건가, 태기가 없는데. 그렇지만 어쩌란 말인가? 아무 이상이 없다지 않는가.
　아이를 기다리면서 아파트에 있는 꽃밭을 가꾸기 시작했다. 가까운 한강에서 허리 가녀린 코스모스를 퍼 와서 바람에 잘 견디라고 깊이 심고는 발로 꼭꼭 다져주었고, 산책하다 해바라기 모종이 촘촘한 곳이 있으면 뽑아다가 키만큼 햇볕 잘 들라고 듬성듬성 심었다.

땅에서 피어난 것 같은 채송화는 장마철에 장대비가 사정없이 퍼부으면 여린 몸짓 물에 둥둥 떠내려갈까 봐 남편이랑 배수구는 얼마나 멋지게 만들었는지. 꽃을 좋아하는 이웃들이 종종 들러 입가심하며 놀다 가곤 했던 한여름의 수채화 같았던 꽃밭. 어느 글에서 채송화는 출근하는 아빠들에게 흔드는 아기의 손 같다고 했다지.

남편의 퇴근길을 아이랑 마중하는 오붓한 행복을 꿈꾸며 가꾸었던 꽃밭은 보라색 나팔꽃 줄줄이 이 층 창문을 타고 올라가 이른 새벽을 깨우고야 이슬을 털었고, 햇살이 푸짐한 아침엔 살며시 엎드리면 밤사이 자기들끼리 피워낸 수다를 소곤소곤 낮은 소리로 다정하게 들려주었던 작은 정원. 채송화 씨앗이 여물고 해바라기 대가 허리에 바람이 들어 마른 삭정이로 꺾어지고, 나팔꽃 청청한 줄기가 시름시름 야위어 갈 때쯤엔 내 가슴도 삭아내리고 있었다.

한번은 시댁에 가니 어머님이 산 너머 문둥이 촌에서 잡아 온 수탉을 흰 접시꽃 뿌리랑 가스 불에 고우시더니 고기는 남편과 같이 먹고 국물은 나 혼자서 다 마시라고 하셨다.

기름이 둥둥 떠서 보기만 해도 역겨운 누런 국을 마시라니. 죄가 많아 여자로 태어난다고 했던가. 전생에 무슨 죄를 지었길래 이 혐오스러운 것을 먹어야 하는지. 눈물이 고여 올랐지만 숨을 쉬지 않고 몇 번을 쉬어가며 마셨다.

결혼하면 아이에게 읽어주고 싶어 몇 년을 모아뒀던 동화가 있었다. 화장품 잡지에 실린 것을 가위로 잘라 스케치북에 붙이면서 조금씩 쌓아가던 행복. 햇살 같은 얼굴을 들여다보며 동화를 읽어주는 내 모습을 꿈꾸는 것도 지쳤는지, 혹은 이런 잡다한 그것까지도 모아둬 질투의 대상이 되었는가 싶어 그것마저도 깊숙한 곳에 감춰 버렸던 암울했던 날들.

 근처 상가를 지날 때면 꼭 그 자리에서만 고개를 돌려 외면한 채 걸었던 아동복 가게. 그 앞은 그렇게 몇 계절이 머물러도록 살았는데도 환한 웃음 머금고 한 번도 서 보지도 못한 채 떠나왔다.

 길을 가다 임산부를 보면 먼 곳으로 돌아서 간다든지, 아이 하나는 손잡고 또 하나를 가진 임산부를 보면 무슨 욕심이 저리 많은지, 슬그머니 눈을 흘겨주고 지나치던 그때, 손톱 길고 머리 헝클어진 마귀할멈이 심보도 고약해지더니 급기야는 황폐한 마음 밭엔 뾰족한 자갈돌만 모서리 세우며 덤벼들던 병든 모습. 삶에 자신이 없으니 사람 만나기도 싫었고 찾아오는 것도 반기지 않아 친구들과도 점점 소원한 관계가 되었던 안타깝고 슬픈 이십 대 후반.

 옆집에 사는 피부도 뽀얀 남자아기를 보면 내 근심을 잠시 잊었다. 옹알이하는 혀의 굴림이라든지, 통통한 손등이라든지, 걸음마 배운다고 한 발자국 걷는 것도 귀여워 눈길을 떼지 못했다.

 우울한 어느 오후쯤이면 종종 데려와서 같이 눈 맞추고 볼 비비고 놀다가 어쩌다 낮잠이라도 재우게 되는 날은 새근새근 내쉬는 숨소리를 들으면 행복이 이런 게 아닐까 싶게 가슴은 아릿하게 저렸다.
 아마 내 아이도 어디쯤엔가 아장아장 기어서 달짝지근한 살내음 안고 총명하고 맑은 눈빛 담아서 올 것만 같은 생각에, 그 애를 보내고 나면 칠흑 같은 어둠을 안고 가만히 가만히 억눌린 가슴을 도닥이며 책상에 앉아 일기를 썼다.
 넌 어디쯤 오고 있냐고. 그렇게 이뻐해 주던 아이도 저녁이면 엄마 품으로 보내야 할 때면 영 허전했다. 해가 져도 돌려보내지 않고 내 품에서 마음껏 안고 입 부비며 맑은 눈을 들여다보고 잠재우고 싶은 내 아이, 속절없이 기다리는 무정했던 세월이었다.
 그러다 우리보다 2년 늦게 결혼한 시누이가 눈이 크고 예쁜 여자아이를 낳았다. 아기자기한 무늬의 귀엽고 도톰한 우주복에 쌓여 두 눈을 꼭 감고 잠든 모습이 눈물이 나올 만큼 예뻤다.
 인형 같은 발, 가는 머리카락, 붉고 얇은 입술. 가끔 햇볕에 보송보송 잘 말린 하얀 기저귀를 갈아 채워주는 시누이의 행복한 표정을 보고 집으로 오는 길은 남편도 나도 말이 없었다.
 그렇게 사는데 점점 자신이 없던 어느 날, 친정 고모의 전화를 받게 되었다. 걸어서 3분 거리에 살며 직장을 다니던 여동생이 임신했다는 청천벽력 같은 소리를 듣게 되었다.
 "혜정아 미정이가 임신했단다. 입덧이 심해서 네가 좀 도와줘야겠다. 지금 옆에는 너 밖에 누가 있니. 정성껏 돌봐주다 보면 너도 곧 좋은 소식 올 거야."
 고모의 그 말은 밤새 나를 울렸다. 차마 누구도 전하지 못할 것을 아니깐 혼자서 십자가를 졌으리라. 아무것도 하지 않고, 아무것도 먹지 않고 벽에 기대어 줄줄 울고만 앉아있는 내게 그는 두꺼운 손바닥으로 눈물을 닦아주고 나를 업고 방을 몇 번을 오가면서 그랬다.

"기다리자. 여태 기다렸는데 더 못 기다리겠니."

그러면서 자장가를 불러주는데 차츰차츰 목소리가 잠기더니 조용히 울먹였다. 하지만 난 어떤 말도 가슴이 받아들이지 않았고 뭔지 모를 분노만 쌓여갔다. 그래도 그렇게 울고 나니 한결 후련해졌는지 눈물 마른 눈을 씻고 아침에 동생을 만났다.

헬쑥한 얼굴에 누렇게 뜬 모습을 보는 순간 가슴은 미어지고 저 지경이 되었는데도 얘기를 못 한 걸 생각하니 서로 안쓰러워서 울었다.

그날로 동생은 직장에 사직서를 쓰고 제부랑 우리 집에서 한 달을 머물렀다. 처음에는 먹을 것을 주면 고개를 젓고 기운 없이 잠만 자더니 달을 채워가면서 얼굴에 제법 통통하게 살이 오르고 피부도 생기가 돌기 시작했다. 어느 정도 안정을 찾아 제집으로 가면서 제부가 잘 아는 한약방이 있다면서 한약을 한 제 지어 왔다.

가진 돈보다 더 비싼 전셋집을 전전하며 은행 돈 갚느라고 변변한 약 한 첩 해 먹을 수 없는 각박한 현실을 알고 있기에 정성 들여 한 제 먹고 또 내가 짓고 해서 두 제를 먹었다.

계절이 바뀌니 산모도 해산달이 되어갔다. 직장 다니던 막내 여동생이 출산 준비해 준다면서 불렀던 백화점. 내가 어떤 마음으로 그 자리에 갔었는지는 쓰지 않으련다. 대신 훔쳐 오고 싶어서 밤새 잠 못 들고 괴로워했던 뽀얀 배냇저고리.

그럴 즈음, 집주인이 들어와 살 거라면서 비워달라는 통에 벼룩시장을 들고 당시 한참 붐을 일으키던 '빌라'를 보러 문정동으로 갔다. 손에 쥔 돈이 적어도 융자를 많이 해 준다는 집 장사의 말에 홀려 내일 꼭 와서 계약하리라고 마음먹었던 집이었다. 처음 그 집을 보러 가는 날 꿈을 꾸었다.

이사 가고 한 달 조금 지나 바로 임신이 되었다. 집터가 좋아서였을까. 한약 때문이었을까. 서러운 눈물을 삼키며 먹었던 수탉 때문일까. 그것도 아니면 이상 없으니 마음 편히 가지면서 주말에는 남편과 좋아하는 꽃 가꾸고 산에 다닌 덕분이었을까.

친정엄마는 나에게 서른을 넘어 아이를 낳아야 좋다고 말했다.

이젠 알 수 있다. 임신의 증상이 어떤 건지는. 책 내용과는 거의 흡사했지만 개인마다 약간의 차이는 있으리라. 내 몸의 변화를 일기장에 꼼꼼하게 기록해가는 즐거움을 무엇에다 비할까. 혹여 나처럼 임신 증상이 어떤 건지 모르는 분이 있으면 나의 일기를 보여주고 싶은 마음도 있었다.

입덧이 시작되고 처음 진찰하러 천호동 산부인과로 가려는데 막내 여동생이 두루마리 휴지를 가방에 쑤셔 넣고 있었다. 그때는 왜 그런지 모른 채 검사 결과를 기다리며 대기실 앞에서 초조히 앉았는데 간호사가 부르더니 대뜸 말했다.

"임신인데요. 낳을 거예요? 말 거예요?"

난 지금도 그 말이 의사소통하려는 말이라고는 인정하지 않는다. 대기실에서 나오는 나를 보고는 동생은 휴지통에 두루마리를 던져버렸다. 이유를 물으니 또 임신이 아니면 예전처럼 줄줄 울 거라서 챙겼단다.

아이와 처음 만나던 날은 바람도 소슬한 9월이었다. 복도엔 자주색과 노란 국화가 천천히 향기를 피워 올리고 햇살도 도란도란 정다웠다.

배란 날짜 받는다고 결혼 초 다니던 강남 산부인과에서 당시 의사 선생님이 입원한 지 3일째인 나를 염려해 당직까지 바꿔가며 받아주셨다.

내가 아프다고 소리 지르면 배 속의 아이는 더 놀라고 아플 것 같아 처음 태동할 때의 벅찬 감격을 기억하려고 애쓰며 낳은 귀한 아들이 성현이.

엄마가 되게 해 주고, 자신 있게 살아가게 힘을 주고, 건강한 가정을 일구게 만들어 준 예쁜 아이.

'향을 싸던 종이에서는 향냄새가 나고 생선을 싸던 종이에서는 비린내가 난다.'라는 말이 있다. 내 손으로 지은 따뜻한 밥 먹여주고, 내가 깨끗이 세탁해준 옷 입고 다닐 동안은 멋진 인품을 갖춘 청년으로 자랄 수 있게 지켜주고 싶다.

# 꿈속의 포인세티아

 큰아들이 수능시험 보기 며칠 전의 꿈이다. 집으로 들어선 그의 손에는 나뭇가지가 들려 있었는데 V자 모양에 월계수 잎이 다닥다닥 붙어있었다. 잠을 깬 순간, 그에게 행운이 올거라고 예감하며 몇 달째 동쪽을 향해 드리는 새벽기도에 더 정성을 들였다.

 보라색 바탕에 어깨에는 흰 줄이 그어진 운동복 윗옷과 회색 운동복 하의는 학교에서 돌아오면 갈아입고 독서실로 가는, 1년 동안 유일한 복장이었다. 가끔 내가 그 옷이 싫증이 나지 않느냐고 물으면 편해서 좋다는 태평스러운 대답만 들려왔다.

 그럴 때 그는 영혼은 없고 아집과 다부진 결의만으로 포장된 첩보영화의 주인공 같았다. 아들의 등 뒤를 따라가는 내 눈길은 담담한 목소리와 달리 안쓰러웠다.

 신발은 또 어떤가, 고3 봄에 나이키 운동화를 사달라고 했다가 아빠한테 고리타분한 질책만 들었다.

 "학생이 그렇게 비싼 것을 신을 이유가 없다."

 몇 개월을 아빠 말에 불평은 한마디도 하지 않은 채 밑창이 나달나달한 운동화만 끌고 다녔다.

 안달이 난 내가 백화점에서 할인판매를 할 때 같은 상표의 운동화를 안겨줬더니 별말은 없었지만, 원하는 디자인이 아니라서 억지로 받아들이는 표정이 역력했다.

 옷을 고를 때도 센스 있게 골라서인지 뭐를 입어도 잘 어울렸고, 신발도 품질보다 디자인을 선호했는데 자신이 선택한 것에 대한 애착이 강해서인지 항상 깔끔하게 보관하고 오랫동안 즐겼다.

 용돈도 꼭 필요할 때가 아니면 손을 내밀지 않았다. 독서실 다닐 때도 오고 가는 시간을 절약하라고 김밥을 싸주겠다고 하면 아무리 배가 고파도 집에 와서 밥을 먹겠다고 말했다. 운동할 시간이 없어서 집까지 걸어가면서 운동도 하고, 생각도 정리하고 또 돈도 아껴서 좋다고 덧붙였다.

 정리 정돈도 잘하고 감각도 뛰어나고, 어휘 고르는 능력이 탁월해 욕심 같아서는 재능만 있다면 기자도 잘 어울릴 것 같은데 싶어 아쉬웠다.


 청소년이 좋아하는 '1박 2일'이나 '페밀리가 떴다' 같은 프로를 어쩌다가 식사 시간에 볼 때가 있었지만 식사가 끝나면 미련 없이 자리에서 일어나, 헌 운동화를 꿰차고 독서실로 향하는 녀석을 보면 믿음과 신뢰가 점점 더 커졌다. 남자라면 저 정도의 강단은 있어야지 싶었다.

 그는 어릴 때부터 자기관리가 철저했다. 친정과 시댁의 체질 때문인지 어릴 때부터 통통하게 자랐는데 초등학교 고학년이 되더니 피부가 점점 까매졌다. 봄이 지났는데도 그을린 피부가 회복될 것 같지 않아 물었더니 쉬는 시간이면 걷는 길도 뛰어다닌다고 했다. 그래서인지 얼마 후에 그는 단단한 근육질의 균형

잡힌 몸으로 내게 볼거리를 제공했다.

 녀석이 네 살이 되던 해 북한에서 남북한 축구 시합이 TV로 중계되고 있을 때 운동을 좋아하는 녀석은 전반전과 후반전을 방안에서 분홍색 내의를 입고 선수들과 같이 뛰었다. 물론 10분 휴식 시간도 챙겨가면서.

 그런 그에게도 시련은 있었다. 시험 기간만 되면 공부하지 않고도 점수가 잘 나오는 친구가 가장 부럽다는 말을 달고 다녔다. 듣다 못한 내가 나의 교육 철학을 일러 주었다.

 "I자형 인재는 한 가지 전문 분야에만 뛰어나고 다른 분야에는 대부분 관심도 없는 유형인 데 반해서, T자형 인재는 자기 분야에 대한 전문성은 물론 다른 분야까지도 폭넓게 알고 있는 종합적 사고를 하고 있다. 난 I형처럼 개인적 역량보다는 자기 계발과 인맥이 균형을 갖춘 T자형이 좋아서 너에게 수학 문제집만 들추면서 그것을 풀게 하지는 않았다. 그러다 보니 머리 좋은 사람보다 수학 실력이 조금 떨어질 수도 있겠지만 그렇다고 인생이란 큰 그림으로 볼 때 결코 밑바탕이 잘못 그려진 것은 아닐 것이다. 엄마가 마을문고에서 오랫동안 동안 봉사한 것도 내가 책을 좋아한 이유도 있지만 큰 맥락으로 보면 너희들에게 안겨 줄 간접경험의 효과를 염두에 둔 때문이기도 하다."

 장황하게 늘어놓았다. 그 이후로, 머리 좋은 운운은 하지 않았는데 그 이야기를 한들 뾰족한 수가 없다고 단념해버렸는지 모르겠다.

한번은 이런 일이 있었다. 녀석이 고2 때 친정이 있는 부산으로 내려가는 길이었다. 운전하던 남편이 공부하는 데는 무리가 없느냐고 물었더니 요즘 너무 힘이 든다면서 그냥 포기하고 싶다는 거였다.

그때의 그 기막힘! 어떤 말로 그를 설득해야 할지 암담한 채 휴게소에 도착했다. 졸려서 잠시 눈 붙인다고 남편은 차에서 내리지 않았고, 작은 녀석은 출발하자마자 잠들어버려 큰아들과 나만 내렸다.

화장실에 들렀다가 남편에게 줄 커피 한잔을 뽑아 들고 녀석을 찾았으나 보이지 않았다. 순간, 온갖 불길한 상상에 가슴이 죄어들고 숨이 막혔다.

남편이 있는 차까지 어떻게 갔는지, 마치 다리는 구덩이를 걷는 듯 허둥거렸다. 고속도로 주위는 칠흑 같은 어둠이 잠식해있었고, 속도전을 방불케 하는 차량의 경적은 마치 내 아들의 비명 같아서 머리끝이 쭈뼛거렸다.

그렇게 얼마를 헤매고 다녔을까? 잔디밭 한 귀퉁이에 앉아있는 아들의 등을 본 순간 조여왔던 가슴이 맥없이 풀렸다. 말없이 어깨에 손을 얹은 채 같이 차로 돌아왔다.

아빠가 졸린다고 해서 그냥 있었노라고 하는 그의 눈에 얼핏 눈물이 비쳤던가?, 아들이 겪었을 갈등에 나도 목이 메었다. 그래 성현아, 사는 게 고행이라 하지 않던가.

그렇게 두 달이 지난 어느 날, 친구가 자기 남편이 하는 사업이 위기라면서 같이 점쟁이한테 가보자고 했다. 난 그녀랑 멀리 떨어져서 듣는 둥 마는 둥 하고 있는데 점쟁이는 뜬금없이 나보고 아들한테 칭찬도 좀 해 주고 안아주고 하란다. 난 그렇게만 해주면 된단다.

 그 순간, 내가 아들보다도 더 불안해했는지, 할레드 호시이니의 『천 개의 찬란한 태양』에 나오는 마리암의 엄마 '나나'처럼 그를 보기만 하면 내 불안한 심사가 그대로 전달되었는지 반성했다.

 그 이후로 녀석은 마음을 잡았는지 2학년 겨울방학부터 수능 때까지 근 1년을 내가 보기엔 원도 한도 없이 공부하는 것 같았다.

 아침 6시 40분에 일어나서 새벽 2시~3시가 되면 잠들고는 했는데 잠이 부족하면 안 되니 짬짬이 눈 붙이라고 하면 학교에서 쉬는 시간에 잠시 엎드려 있다면서, 아직은 입시부담이 크지 않는 동생에게 자기처럼 늦게 계획 잡아서 허둥거리지 말고 시간 관리 잘하라는 당부도 잊지 않았다.

 수능시험이 끝나고 모처럼 가족끼리 하는 외식도 먹는 둥, 마는 둥 하더니 독서실로 짐을 가지러 가야 한다면서 작은 녀석을 데리고 갔다.

 두 녀석이 팔 가득 안고도 모자라 또 들어가서 안고 나오는 문제지를 보면서 저 속에 파묻히느라 운동복 한 벌과 헌 운동화 한 켤레로 견뎠구나 싶으니 마음은 몇 번이라도 그를 칭찬해 주고 싶었지만, 시험 결과를 생각해서 내 감상을 잠시 숨겨야만 했다.

 합격자 발표가 나고 지원했던 대학에 가기로 한 전날 꿈이었다. 제법 높은 산이었는데 산 밑에서부터 정상까지 포인세티아가, 진한 녹색 잎에 붉은 꽃이 장관이었다. 그 산을 오르내리면서 이런 곳은 사진으로도 본 적이 없는데 싶어 경이로운 눈길인 채 꿈을 깼다.

그렇게 아들은 여름부터 거실에서 나와 함께 잠을 잤다. 아들과 자면서 잡았던 손을 수능 때까지 놓지 않았다. 나에게 조금이나마 여력이 남아 있다면 작은 힘이나마 아들에게 주고 싶은 엄마의 마음이었다.

내 휴대전화기에 저장된 녀석의 닉네임이 '내 마음 아실이'이다. 내 마음을 꿰뚫고 있는 녀석은 오늘도 학교 갔다 온 이야기를 내 어깨에 머리를 얹고 10분 정도 쫑알거리고 갈 것이다.

고등학교 때 어려워서 포기한 물리를 대학에서 하려니 머리가 지끈거린다는 말도 빠뜨리지 않고.

# 미루나무는 그때도 예뻤을까?

> 미루나무 꼭대기에 조각구름이 걸려있네
> 솔바람이 몰려와서 살짝 걸쳐놓고 갔어요.
>
> 박목월 작사 외국곡 〈흰 구름〉

  산에 같이 다니던 친구를 11시에 올림픽공원역에서 만나 성내천을 걸었다. 원래는 수락산을 가기로 했는데 오후부터 비 예보가 있어서 산은 포기다. 장마철이라 뭐든 계획대로 될 수가 없어 아쉽지만 그래도 그녀와 함께 있으면 괜찮다.

  올림픽공원을 옆에 둔 성내천은 키 큰 미루나무와 회화나무, 그리고 제법 나이를 먹은 늠름한 벚나무가 무리 지어 서 있다. 푸른 잎을 무성하게 달고 있는 플라타너스의 녹음에 여름이 깊어진 것을 느낀다. 마치 이곳은 원시림인 듯해서, 내 온몸의 세포가 역동적으로 꿈틀댄다. 자연을 좋아하는 내게 이런 녹색지대가 집 가까이 있다는 것은 축복이고 영광이다.

  "나는 우리 동네 고덕천을 걷고 상일동역 근처에서 점심 먹을까 했는데, 너는 어떻게 이곳을 생각했어?"

  "그럼 걸어서 상일동까지 가자. 나는 서울대공원 트래킹코스 가자고 하면 네가 멀다고 안 갈 것 같아서 여기로 가자고 했지,

상일동까지 걷자."

 아산병원 근처에 있는 벚나무 터널을 지나 한강 변에 도착했다. 긴 장마로 강물의 수량이 많이 불었다. 물은 여의도 방면으로 흐른다. 의자가 한가롭게 쉬다가 우리를 반긴다. 친구는 가방을 부스럭거리더니 삶은 옥수수를 꺼냈다.
 "뭐야, 어떻게 이렇게 이쁜 생각을 했어?"
 반색하면서 친구의 노란 염색물이 살짝 든 머리를 쓰다듬어 주었다. 나오기 전에 쪄서 그런지 아직 따뜻하다. 올들어 처음 먹는 옥수수다.
 그래, 우리가 만나면 이런 재미가 있지. 옛이야기 우려먹기, 여름이 되면 머리 위에서 목 놓아 울고 있는 매미 험담하기, 복날이 되면 가족들에게 해 줄게 백숙 말고 뭐 없을까? 만만한 닭 대신에 염소를 잡을까, 소를 잡을까, 돼지를 잡을까, 고민하기.
 초록이 주는 싱그러움이 우리의 이야기 속에 녹아있다. 나의 마음이 너의 마음이 되고, 너의 마음이 나의 이야기가 되는 오늘은 그런 날이다.

 강물을 보며 천호동 방향을 향해 걷다 보니 키 큰 미루나무가 일렬로 늘어서 있다. 세월과 함께 나이를 먹은 듯, 청년 시절은 지난 듯하다. 마치 군대 경계 방법인 '받들어총!'을 받는 느낌이었다.
 친구와 그 곁을 지나치면서 '그래, 애썼어' 하며 미소를 지었다. 친구가 갑자기 말했다.

"미루나무는 예전에도 예뻤나 보네, 노래까지 나온 것 보면."
'미루나무 꼭대기에~' 노래하며 나무를 보면서 올려다본 하늘은 먹구름이 몰려온다.
 천호동을 거쳐 암사동까지 왔다. 암사동 한강변은 찔레꽃 나무도 많다. 칠월인 지금은 꽃 지고, 둥글고 푸른 열매만 남아 있다. 꽃향기 중에서 찔레꽃 향을 제일 좋아해서 봄이 되면 일부러 찾아다녔는데, 꽃 무더기를 보며 이 많은 꽃이 피었을 때를 상상해 보았다. 하얀 천상과 지상의 조화, 아마 지상 최고의 향연이겠지. 미루나무도 여기가 더 멋지다.
 양쪽으로 길게 줄지어 서서 끝이 보이지 않는다. 친구는 암사동은 개발될 곳도 많다고 하면서, 넓은 한강변을 보더니, 저곳에는 캠프장과 체육관을 짓고, 수영장도 하나 넣고 하면서 자기가 '나라님'이라도 되듯이 나라 땅을 보면서 집을 지었다가, 분양하고 가관이었다. 친구를 보며 내가 말했다.
 "우리 후세에게도 물려 줄 땅이 있어야지, 그렇게 녹지대도 없이 다 지어버리면 어떻게 해? 세상에, 강동구를 송파구보다 더 좋다는 사람 처음 본다."

 군락을 이룬 개망초꽃도, 빗속에 함초롬히 젖어 있고, 원추리 꽃도 검은 먹구름 아래에서도 꿋꿋하다. 산나리를 닮은 원추리 꽃을 보니 문득 이일승 시인의 '산나리 질 때도'라는 시가 생각난다.
 '꽃을 보고 가고 싶어도 길이 없다.
  산나리 질 때도 그대가 보고 싶다'

시의 절절함이 초록 속에서도 도드라진다. 이 시를 기억나게 하는 사람이 있었던가? 없었던가? 그것마저도 가물거릴 때면 집에 들어앉아야 할 때고, 모르겠다.

이 순간에 집중하자. 친구는 나리꽃이 활짝 피면 꽃잎이 이렇게 오므라든다면서 자기 손을 오므렸다 폈다 했다.

장마철이라 우산을 폈다 접었다 하면서 걷다 보니 암사동을 지나 고갯마루에 다다랐다. 언젠가 가족들끼리 나왔다가 자전거를 타던 아들들이 여기를 오르내리려니깐 허벅지가 터져나간다고 하던 그 지점이다. 평일인데도 제법 많은 사람이 자전거를 타고 고개를 오르락내리락하면서 힘겨워한다.

"저 근육 좀 봐, 운동을 얼마나 했으면 저 정도가 되지?"

오고 가는 사람들에게 파이팅을 외치던 친구는 맞은편에서 오는 중년 남자가 마라톤 연습하는지, 윗옷을 벗고 뛰어서 내려오는 것을 보고 말했다.

"왜 옷을 벗고서 뛰고 난리야?"

"몰라 네가 물어봐."

그녀는 뛰어오는 남자 곁으로 가까이 다가가려고 해서 내가 혼비백산하면서 팔을 잡아끌었다.

"아이고 고생하십니다, 열심히 하십시오."

친구가 소리치는 순간 가슴을 쓸어내린 나는 한바탕 웃었다.

"에고, 이 이쁜 싹싹이."

친구의 머리를 쓰다듬어 주었다.


암사동 생태공원을 걷다가 고갯길, '바위 절터'에 도착했다.

백제 최초의 절터인 백중사가 있던 자리란다.

　조선 초에 편찬된「신종, 동국여지승람」에는 임진왜란 때 일문육상(一門六喪-한 가족 6명이 초상) 났던 곳으로 조선 초기 명재상이 있던 광주이씨 광릉 부원군의 후손인 이시무와 그 아들인 이정견이 왜적에 죽임을 당하자 그의 부인과 3인의 집안 식구가 절벽에서 한강으로 투신한 장소였다고 한다. 지금은 '구암정'이라는 정자가 서 있다.

　결혼 후 신혼 시절을 암사동에서 보냈던 나는 남편과 산책하다가 이곳을 알게 되었는데, 바위 아래로는 까마득한 절벽이라 아찔했던 기억이 남아 있다. 지금은 철조망을 쳐 놓고, 숲도 우거져서 그때 보았던 거칠고 무시무시하던 바위는 보이지 않았다. 우리는 묵념을 하며 그들의 넋을 기렸다.

　산나리와 싸리나무가 어른 키보다도 높게 꽃을 피운 고덕동 생태공원도 지나고 고덕천 가까이 왔다. 두루미 한 마리가 물가에 앉아서 고개를 이리저리 돌린다. 물밑은 진흙탕이라 물고기도 보이지 않을 건데 애가 탄다.

　주변은 서울과 세종 간 고속도로를 짓느라 굉음이 심하고, 고덕 비즈벨리 공사도 한창이다. 옆에는 자전거 타고 온 이들이 저만치서 달려오다가 쌩하면서 추월해 가는데, 우리는 오랫동안 걷느라 종아리도 당기고 발바닥도 아프다. 5시간째 걷고 있다. 친구는 앞서가는 자전거를 빼앗아서 자기가 타고 가고 싶다고 말했다.

　동갑인 친구와 나는 아이들 친구 엄마로 만난 지 35년째다. 우리는 우리의 역사를 쓰겠다면서 21.4km를 걸었다. 나는

28,000보, 친구는 집에서 우리가 만나기로 한 올림픽공원역까지 걸어서 오느라 삼만 보가 넘었다.

　상일동역 주변 가까이 오니 개천에 서 있던 미루나무가 줄지어 있다가 우리를 보며 수많은 잎을 마구마구 흔들었다. 마치 영화의 한 장면인 '노란 손수건'처럼….

# 지나간 여름밤 나체의 향연

　밤바다를 보러 가자고 했습니다.
　해조음의 절규 너머 아련하게 스러지는 기운을 안고 어스름 어둠이 몰려오면, 교교한 달빛 아래 드리울 잔물결의 일렁임을 만나고 싶었기 때문입니다. 여전할 그 물빛의 비릿한 내음과, 잔잔한 물 위로 지나가는 바람의 아름다운 유영을 말입니다.

　저녁과 밤의 구분이 모호한 해수욕장 특유의 분위기 때문인지 떠날 때부터 신이 나 있던 아이들은 차에서 풀어놓기 바쁘게 물을 향해 뛰어들고, 우린 어울리기도 멋쩍고 소란스러운 분위기에 적응이 되지 않아 물가로 내려가서 분주했던 한낮의 고단함을 잊으며 분위기에 젖었습니다.
　모래언덕을 높게 쌓아 촛불을 꽂아 놓고 빙 둘러앉아 밤을 즐기는 무리 곁을 지나고, 통기타를 메고 옹기종기 둘러앉아 출렁이는 바다를 곁에 둔, 젊음과 사랑을 노래하는 연인들의 모습은 마치 스크린의 영화처럼 멋있고도 은은한 영상으로 다가왔습니다.
　상가 불빛 앞에 와글와글 모여들던 무리가 제 움막을 찾아들 무렵 아이들을 불렀지요. 샤워시키고 가자는 쪽과 그냥 동생 집에 가서 씻자는 의견도 있었지만, 후자를 택했지요.

남해 상주 해수욕장의 샤워장에서 몸을 씻어보신 분들은 알 겁니다. 깊은 곳에서 퍼 올리는 지하수의 짭짤한 그 물이 얼마나 서릿발 같은지. 정수리를 치고 내려와 등줄기를 굽이쳐 흐를 때의 그 소름이 끼치도록 오싹함을 말입니다. 오소소 온몸에 소름이 돋고, 이 마디마디가 덜덜 떨리고 시린 그 기분을 말입니다.
　그때 우리 집 큰아들이 11세이고 고만고만한 여 동생네 아이들까지 사내아이 5명에 계집아이 1명이 감당해내기에는 지하수 물은 까무러칠 정도였지요. 그래서 우리는 집에 가서 씻자고 의견을 모았고, 어른이나 아이 할 것 없이 온통 모래 범벅이 된 채, 젖은 신발을 손에 들었습니다.
　여자아이 하나만 팬티를 입히고, 천둥벌거숭이들을 짐짝 싣듯 구겨 넣고는 막내 제부의 넓은 차 안에서 노는 양을 보고 앉았더니 그 나이면 제법 수줍음을 알 만한지 간간이 맞은편의 차 불빛이 스칠 때마다 녀석들은 몸을 숙여 알몸을 감추려 들었습니다.

　동생네 집 앞에서 내려 어른, 아이 합쳐 12명이 아파트 계단을 올라가는데 큰 녀석들은 제법 앞을 가린다고 두 손을 모으고, 통통한 궁둥이 실룩거리는 모습에 뒤따르던 우리 눈요기도 그보다 더 재미난 건 없다는 표정이었습니다.
　먼저 뛰듯이 계단을 올랐던 아이들의 비명에 놀란 제부랑 우리는 두 계단씩 오르며 집 안에 들어서니, 수돗물이 나오지 않는다는 거였습니다.
　그 와중에도 녀석들은 뒤에 돌아서서 앞가린다고 몸을 비틀고 서 있었지요. 어디가 어떻게 탈이 났는지 갑갑하기만 한 제부는

꿈속의 포인세티아

이마에 내 천자를 그리며 곳곳에 전화를 돌려보고서야 모터가 고장이 났다는 걸 알았습니다.

산 위 저수지에서 보내주는 물을 옥상의 물탱크로 올려야 되는데 과부하로 모터가 타 버렸다는 어이없는 사건에 그야말로 대책 없이 난감하기만 했습니다.

삼복더위를 겪어봐서 알겠지만, 끈적끈적, 서 있기도 숨 막히는데 바닷바람의 눅진함까지 더 했으니. 휙 한 바퀴 우리의 꼬락서니를 둘러보던 제부는 인근에 사시는 부모님 집으로 가고 싶지만, 농번기에도 직장 때문에 농약 치는 고무호스 한번 잡아주지 못하는 처지라 차마 그럴 수는 없었는지 근처에 좋은 계곡이 있다면서 앞장섰습니다.

달빛이 젖어 드는 아련한 밤에, 좁은 논둑길을 12명이 일렬로 걸으니 어느새 이슬은 촉촉하게 발등을 적시고, 잠자다 인기척에 깨어난 개구리들이 텀블링하듯이 이리 뛰고 저리 뛰며 울어대는 소리는 깊고도 달콤한 잠에 빠진 산을 흔들었습니다. 도로 옆에 있는 '동천 계곡'은 엊그제 내린 비로 콸콸 물 흐르는 소리 또한 장관이었지요.

남자아이들을 먼저 씻겨 텐트 안에 들여놓고 우리 자매들이 씻을 때였습니다. 저랑 동갑이면서 개구쟁이 기질이 다분히 있는 막내 제부가 풀숲에 엉거주춤 앉다시피 하며 조심스럽게 비누질을 하는 내 곁으로 다가와서는 물뱀이 나온다고 소리를 지르는 거였습니다.

놀라 혼비백산한 우리는 물에서 나올 수도 없고, 그렇다고 진득하니 엎디려 씻을 수도 없어 난감한 틈에, 떠내려가는 샴푸를 잡아다 놓으면 비눗갑이 물살 따라 흘러가고, 또 잡아다 놓으면 칫솔이 떠내려가고 그 와중에 어느 틈에 왔는지 등 뒤에서 물을 끼얹는 제부의 장난에 대충, 그야말로 설렁설렁 씻는 둥 마는 둥 하고 풀숲에 얹어놓은 옷을 입었습니다.

남자들 목욕할 때를 기다려 복수의 칼날을 세웠지만 차마 가까이 가지 못하고 등줄기에 쏟아지던 달빛의 처연함만 보고 앉았지요.

먼저 씻겨서 임시 움막에 들여놓은 아이들의 노랫소리 장난치는 소리 요란하고, 며칠 전 내린 비로 더 세찬 계곡의 물소리는 오케스트라의 장중함처럼 들려오던 밤, 그 아름다웠던 밤을 선물한 여름이 저만치 가고 있습니다.

# 책의 향기

　오랫동안 마을문고 봉사를 했다. 봉사라기보다는 내가 좋아서 시작한 일이었다. 책은 나와 수시로 교감하는 내 영혼이며 가장 가까운 벗이었다. 그런 내가 결혼 후 5년 만에 어렵게 아들을 얻었을 때는 새 생명을 잘 키우는 것이 나의 사명이었고 내 존재 이유가 되었다.

　마을문고 봉사는 1995년쯤, 큰아들이 5살이고 작은아들이 세 살 때부터 시작했다. 1주일에 한 번씩 돌아가면서 문정동 동사무소 3층에서 당번을 섰는데, 건물 뒤편 창밖으로는 몇백 년 된 느티나무가 우람하게 서 있었다.
　바람이 불어오면 나풀나풀한 이파리가 너울너울 춤을 추었다. 유치원 갔다 오는 아들들을 창 앞 의자에 앉혀 그림책을 보게 했다. 처음에는 쉽사리 적응하지 않던 녀석들이 어느 틈에 책을 들고 옆에 와 있었다.
　당시 컴퓨터가 없어 수작업으로 장부에 기록하던 때였는데 겨울이 되면 손이 얼어 불편했지만 그래도 녀석들을 꽁꽁 싸매서 데리고 다닌 덕분에 건강하게 잘 따라와 주었다. 작은아들은 '과학 도감'을 좋아해서 가끔 이웃에 있는 형 친구네로 목도리를 둘러주면 혼자 책을 빌리러 다녀왔다.

2.000년, 큰아들이 초등학교 4학년이 되던 해에 상일동으로 이사를 와서 다시 문고 봉사를 신청했다. 그 이유는 지금과는 달리 당시에 책을 빌리려면 성인은 300원, 어린이는 200원을 지급해야 할 때였다.

녀석들이 한창 만화를 좋아할 시기라 책값도 만만치 않았다. 문고 봉사하는 회원들은 무료로 책을 볼 수 있는 혜택이 주어지니 무한정 책을 공급해 주고 싶었다. 우리나라 역사도, 세계역사도 만화부터 접근하게 했다. 그러다 보면 이해하기가 쉬울 것 같았다.

녀석들은 한창 인기 있던 『먼나라 이웃나라』 『그리스 로마신화』도 몇 번을 읽고 또 읽으며 세상 보는 시야를 넓혀나가고 있었다. 나는 동사무소에 있는 마을문고에 앉아서 비가 오거나 추운 날 손님이 없으면, 몇 시간이고 앉아서 책을 읽었다. 그곳은 나의 카페이고 쉼터였다. 조용하고 아늑하며 책의 향기가 있는….

그러다가 도서 추천 위원을 했는데 3개월마다 구청에서 책 구입비용이 나왔다. 책 대여료로 모은 돈이랑 구청에서 주는 구입비용이랑 합해서 새 책을 샀다. 구입할 자료는 서점이나 인터넷을 활용했다.

내가 작성한 목록을 출판사에 넘기고 나면 며칠 후에 새 책이 배달되었다. 오랜만에 반가운 벗을 만난 듯 신이 났다. 문고 봉사회원들과 바코드 붙이고 컴퓨터에 입력시키고 할 때 맡았던 새 책의 느낌은 강렬해서 손에 닿는 빳빳한 촉감을 즐겼다.

자주 오시는 분께는 어떤 책을 읽고 싶으냐고 여쭈어서 책 구매 목록에 참고하기도 하고, 책 추천 좀 해 달라는 분께는 문학인지, 역사인지, 비문학인지 나누어서 응대해드렸다.

 가끔 추천해 드렸던 책을 감사하게 읽었다는 분의 인사는 둘만이 아는 공감대가 생긴 것 같아서 행복했다. 그때 다시 만난 책이 존 파울러의 『프랑스 중위의 여자』이다. 이 책은 여자의 복잡한 심리구조를 밀도 있게 그려냈다.

 마을문고는 월요일에서 금요일까지 오전 11시부터 시작해서 오후 5시에 끝났다. 어떤 때는 오전 반 오후반으로 나뉘어서 봉사하기도 했다. 인근에 초등학교가 있었는데 방과 후에 가방 메고 와서 책을 보는 아이들이 많았다.

 문 닫을 시간이 되면 다 읽지 못한 책을 손에서 놓지 못해 안타까워하는 그들을 보면 가끔 내가 대여료를 내주기도 했다. 그 아이들 중에는 큰아들 친구도 있었는데, 검은 피부에 영특하게 생긴 눈을 가졌었다.

 녀석은 책을 들고 앉으면 몇 권을 줄줄 읽어 내려갈 만큼 집중력도 대단했다. 끝날 시간이 임박하면 책 놓고 가기를 아쉬워해서 종종 책값을 지급해 주었다. 우리나라의 미래에 대한 작은 기부라고 할까. 훗날 좋은 대학에 갔다는 소문에 흐뭇했던 기억도 난다.

 빨강 머리 앤을 만나고, 1985년 노벨문학상 수상작인 러시아의 작가 숄로호프 장편소설 『고요한 돈 강』 8권 분량을 2년에 걸쳐서 읽어낸 기쁨도 대단했다. 러시아 이름들은 길어서 외우

기도 쉽지 않았다.

  1권 앞부분을 10번도 더 읽었던 것 같다. 영 책장이 넘어가지를 않아 몇 번을 꺼내 들고 엎었다 뒤집기를 반복하며 자신을 다독였다. 혁명 속에서 자기의 갈 길을 발견하지 못한 채 백군과 적군 사이를 방황하다가 파멸한 돈 강 변의 코사크 청년 그래 골리 메레로프와 유부녀 아크시냐의 비극적인 사랑 이야기가 아직도 돈 강변의 갈대밭 사이로 수런수런 들리는 듯하다.

  책을 가까이하지 않는 남편도 일생 그때가 제일 책을 많이 읽었을 거다. 역사소설을 좋아해서 많이 권해줬다. 어떤 때는 흥미가 없다고 할까 봐 내가 읽어보고 줄거리를 요약해서 흥미를 유발해주면 남편이 읽고는 했다.

  그때가 내 기억 속에 가장 멋진 남편의 모습이다. 어떤 때는 중학교, 고등학교 두 녀석이 학교 갔다 와서 열쇠가 없으니 집에 들어가지 못하고 아파트 느티나무, 노란 잎사귀들 밑에서 문고가 끝나기를 기다리며 푸른 교복을 입고 서 있던 모습은, 어느 명화의 한 장면보다도 근사하게 남아 있다.

  아들들에게 엄마가 마을문고 다니면서 빌려주었던 책 중에서 가장 감명 깊었던 책이 무엇인지 물었더니, 큰 녀석은 10권으로 되어있는 『맨발의 겐』이라고 했다.

  이 책은 일본 작가 나카자와 케이지가 본인의 경험을 토대로 쓴 반전 평화 만화이다. 주인공인 소년 나카오카겐의 시점으로, 제2차 세계대전 당시 히로시마와 나가사키 원자폭탄 투하로 인해 파괴되기 직전의 히로시마가 배경이다.

책의 메시지는 전쟁과 일본 군국주의에 대한 비판이다. 작은 아들은 이문열의 『초한지』와 진순신의 『십팔사략』이라고 했다. 중 고등학교 시절, 몸도 마음도 울렁일 시기에 녀석들의 인성을 다독여 준 것은 책이었다. 내가 그랬던 것처럼 그들에게도 책은 스승이었으며, 고요한 위로였다.
 『소설을 쓰고 싶다면』의 작가 제임스설트의 글 중에 '책을 읽지 않은 사람에게선 뭔가 빠진 게 있지요. 언급하는 말의 폭, 역사 감각, 공감 능력 같은 게 부족해요. 책은 패스워드지요.' 이 글은 책을 좋아하는 내게 큰 울림을 주었다.

# 청춘의 독서

대학 1학년 겨울방학 시작과 동시에 입대를 앞둔 그해, 2011년은 중증 급성 호흡기 증후군 사스의 발병으로 전 국민이 위험에 노출되어 있을 때였다. 우리 가족은 진주에 있는 훈련소로 큰 아들을 보내주러 가고 있었다.

집결 장소에 도착하니 훈련원만 내리고 부모님들은 차를 돌려서 그대로 온 길을 돌아서 나가라는 안내방송이 나왔다.

"엄마, 갔다 올게"

아들이 손을 잡았다 놓더니 까까머리 위에 털모자를 눌러쓴 채 옷 가방을 짊어지고 멀어져 갔다. 그 흔한 이별 의식도 없었다. 황당했다.

갑자기 누군가에게 소중한 것을 고스란히 빼앗긴 기분, 그 황망함이었다. 우두커니 남겨진 난, 서울로 오는 내내 '잘 갔다 올게'라는 아들의 목소리만 귓전에서 맴돌았다.

그때부터 가끔 다니던 북한산에 있는 절에 다녔다. 일주일에 두 번은 다녔는데 기도가 끝나면 절 입구에 있는 녀석을 닮은 나무를 안으며 혼잣말했다.

"잘 견디고 있지?"

아들이 입고 갔던 옷이 공군에서 주는 종이 상자에 넣어져 도착했다. 편지지가 없었는지 복사지 앞뒤로 빈구석을 메우며 조각조각 적어 나갔다.

아마 시간 날 때마다 틈틈이 적었나 보았다. 깨알과 같은 글씨로, '이럴 줄 알았으면 엄마랑 좀 더 많은 시간을 보내고 올 건데 후회가 된다'라는 내용이 들어있었다.

듬직하고 사랑스럽고 보기에도 아까운 아들이었다.

어느 주말, 남은 가족들과 어디를 가고 있을 때 전화가 왔다. 목소리에 물기가 묻어 있었다. 왜 그러느냐고 몇 번을 물어도 그냥 전화가 하고 싶어서라는 말만 되풀이했다.

전화를 끝내고도 영 편치 않았다. 잘 견디고 있다고 했는데 다 잘해준다고, 동기생들과도 잘 지낸다고 전화 올 때마다 호언장담하곤 했는데 무슨 일일까 싶어 머릿속은 온통 뒤죽박죽이었다.

자기관리가 철저해서 한 번도 나한테 싫은 소리를 듣지 않던 아들이었다. 내일 날이 밝으면 또 기도하러 가야겠다는 마음만 가득했다.

귀한 자식들인데, 장대 같은 녀석들이 갇혀 있으니 격한 감정으로 상대의 마음 헤아리지 못해서 그런 일이 일어났겠지, 싶었다. 그러다가도 좋은 날이 오면 서로 의지하며 서로에게 풍경이 되어 줄 그들이 아닌가 말이다.

녀석이 훈련소에 있을 때는 매일매일 인터넷 편지를 썼다. 주로 일과 보고용이지만 고된 훈련기간이라도 가족들의 소식으로 힘든 순간을 견디라는 마음이었다.

어떨 때는 좋아하는 스포츠신문의 기사를 오려서 우편으로 부치기도 했고 또 어떤 날은 국내외의 굵직한 기사를 통째 접어서 보내기도 했다. 보낸 것 중 단연 으뜸은 스포츠 기사로, 부대에서도 인기라고 했다.

혹독한 겨울이 끝나갈 즈음 설 연휴가 되었다. 녀석은 훈련병 생활을 끝내고 자대배치 받기 전 2박 3일의 휴가를 받는다고 했다. 군대에서 지원해 주는 버스로 남부터미널에서 내린다는 거였다.

남편과 나는 아들이 좋아하는 '붕어싸만코'를 사서 마중을 갔다. 저만큼 건강하게 그을린 아들이 서 있었다. 옷을 입으면 반짝반짝 빛이 나는 녀석이라서 그런지 푸른 군복이 잘 어울렸다. 보자마자 달려가서 안으려는데 아들이 말했다.

"울지 마, 여기서 울지 마."

녀석 특유의 체면을 중시하는 눈치에 울다가 웃어버렸다.

주위에는 버스 다섯 대로 와서 그런지 주변은 온통 푸른 군복의 연인이거나 부모님들이 울고 웃고 있었다. 그 모습도 그지없이 예뻤다.

첫 휴가는 가족과 함께한다는 녀석이 집에서 첫날 잠을 잘 때였다.

"아, 아닙니다. 아닙니다. 잘못했습니다."

이 말을 두세 번 반복했다.

불안한지 몸을 둥글게 말고 깊은 잠이 들지 못하는 녀석을 흔들어 깨우니 충혈된 눈으로 벌떡 일어나 앉아 두리번거렸다.

"엄마, 여기 있어."

엄마가 곁에 있으니 괜찮다고 안아주니 고른 숨을 쉬며 다시 잠들었다. 녀석의 까칠한 머리를 쓰다듬는데 나는 억장이 무너졌다. 또 어떻게 보내나 싶어서….

 부대로 귀대하는 날이었다. 훈련소에서 만나 같이 올라 온 친구와 먹으라고 김밥을 싸는데 자꾸만 작게 말라고 했다. 식성이 좋아 뭐든 잘 먹는데 이상하다 싶었는데 알고 보니 긴장되어서 잘 넘기기가 힘들까 봐 그랬단다.
 돌아갈 때 타고 가는 차의 집결지가 종합운동장이었다. 우리 집이 있는 강동구에서 그곳으로 가려면 잠실을 거쳐야 했다. 올림픽 평화의 문을 거쳐 롯데월드 주변은 주말이라서 그런지 인파로 붐볐다. 오가는 모습이 부러운지 녀석이 말했다.
 "엄마, 여기는 참 평화롭다. 자유가 저렇게 좋은 거였구나."
 집에서부터 얼어 있는 녀석이었으니 오죽했겠느냐 싶었다. 장소에 도착하니 큰 소리로 몇 차례의 얼차려를 시키고는 차에 태웠다. 그 모습을 지켜본 가족들은 여기저기에서 흐느꼈다.
 어떤 이는 울분에 차 있는지 표정이 얽혀있었다. 그러다가 어느 엄마가 소리 질렀다.
 "미친놈들 우리 없을 때나 시키지 꼭 우리 앞에서 저러는 것을 보여줘야 하겠어!"
 그렇게 녀석을 태운 차는 떠났다.

 봄이 오고 시간은 더디 흘러가나 싶더니 언젠가부터 제법 짬이 찼는지, 요즘은 시간이 나면 책을 읽을 수 있어 산만했던 영혼이 차분하게 정리가 되어 가는 느낌이라고 했다.

휴가 나왔다가 들어갈 때마다 손에 책을 들려줬는데 그중에 유시민의 『청춘의 독서』도 들어 있었다.

이 책은 지식소매상을 자처하는 저자 자신의 표현에 맞게, 글쓴이의 모든 것이 청춘의 독서에 바탕을 두고 있었다.

감정과 이성을 적절히 버무려야 되는 청년 시절에, 청춘의 지성이 사라져 가고 있는 현대의 젊은이들에게 들려주는 통한의 메시지였다.

아들은 이 책을 군대에서 4번이나 읽었다고 했다. 속이 깊어서 그런 얘기를 하지 않아 몰랐다가 그 얘기를 듣는 순간 내 가슴에 번져가던 주체할 수 없는 희열. 내가 느낀 책의 감동이 아들에게 고스란히 옮겨간 것 같았다.

2015년, 대학 4학년 여름방학. 어렵다는 기사 자격증 두 개를 따 놓고 고등학교 때부터 모은 용돈으로 20일간의 배낭여행을 떠나면서 챙겼던 책이다.

'시 공간을 뛰어넘어 인류가 고민했던 질문에 답해왔던 책들, 왜 우리는 그 책들을 다시 꺼내어 읽어야 하는가. 하나의 책을 읽고 또 읽어낸다는 것은 어떤 통찰을 주는가. 한 시대를 흔들고, 한 사회를 무너뜨리기도 했던 한 권의 책. 책 속에 숨어 있는 읽는 힘을 이 책에서 만나기를 바란다'라고 적혀있었다.

미루나무는 그때도 예뻤을까

제 2 부

용 기

# 주말은 부재중

남편 인생의 대서사극(?)에서 최고의 스포트라이트를 받을 때가 언제였던가를 꼽으라면 아마도 내 휴대전화기에 저장되었던 그의 닉네임이 '주말은 부재중'이었을 것이다.

집안 대소사를 빼면 주말에 집에서 그를 만나기란 쉽지 않았다. 어떤 날은 새벽 댓바람부터 저 푸른 초원을 찾아 떠난다든지, 또 어떤 때는 묵직한 배낭을 짊어지고 회사 산악회 따라서 전국 팔도를 돌아다닌다고 가버렸다.

연말이 되면 두 달 전부터 약속이 줄줄이 굴비엮였듯이 엮여 있어 우리 가족이 비집고 들어갈 틈은 없었다.

아이들 어릴 때는 그게 당연한 줄 알았다. 남편은 산과 들로 다니면서 직장에서 받은 스트레스를 풀어야 하고, 나는 모래 먼지 들썩이는 놀이터에서 흙장난하는 아이들을 지켜보고 앉아있어야 했다.

경북 울진에 있는 덕풍계곡 트레킹 할 때는 물이 깊어 배낭을 머리 위로 올리면서 건넜다든지, 어느 곳은 몸에 밧줄을 묶고 절벽에 대롱대롱 매달리면서 간신히 발을 옮겼다는 이야기를 무용담처럼 늘어놓기도 했다.

일박만 하고 온다고 해서 하루분의 준비물만 챙겨줬다가 하루 더 있다가 온다고 연락했을 때는 순간적으로 화가 머리끝까지 솟구쳐 한마디 해 주긴 했지만, 같이 갔던 일행 친척 집에서 다들 그렇게 하기로 했다고 할 때는 슬그머니 꼬리를 내려주기도 했다. 어차피 즐기러 갔으니 그러라고 할 수밖에 없지 않은가.

그러다가 아들들이 중 고등학교를 다닐 때는 골프에 심취해서 새벽마다 달려 나갔다. 큰아들이 입대를 하고 나니 나도 허전해서 북한산에 있는 절에 아들의 무사 귀환을 위해 다니면서, 근처에 굵고 잘생긴 나무 두 그루를 정해놓고 두 아들들이 거기 있는 양, 안아보고, 아들의 안부를 묻고 산을 돌아 집으로 오는 것이 그 당시 나의 일상이었다.

언젠가 주말은 부재중의 회사에서 골프대회가 있었다. 골프장을 대여해서 회사의 거래처를 초대한 친선경기였는데, 거기에서 2등을 했다. 밤늦게 얼굴이 불콰해서 집에 온 그는 온 세상을 다 가진 듯 행복해 보였다. 2등한 턱을 낸다고 카드 긁기를 남발했는데 나도 기꺼이 즐겁게 겁도 없이 동참해 주었다. 그리고 몇 달 동안의 집안 형편은 눈물 나게 궁핍했다. 딱, 거기까지였다. 주말은 부재중의 소위 잘나가던 시절은. 그 뒤 몇 년 더 다니다가 회사의 감원 소식에 추풍낙엽처럼 떨어져 나갔다.

퇴직하고 나니 불러주는 곳도 갈 곳도 없었다. 나이가 있으니 아직 들어앉기에는 젊었다. 그때 작은아들이 대학 4학년이었다.

가장으로서의 책임감이란 것이 있는데, 그렇게 한 철 들판 위의 메뚜기처럼 이리 뛰고 저리 뛰다가 세상과 단절된 생활은 쉽지 않았을 것이다.

그즈음이었다. 내가 휴대전화기에 저장한 그의 닉네임을 바꾸기로 마음먹은 것은. 내가 그렇게 지어서 저이가 여태 밖으로 돌았나 싶어서 이제는 '우리 집 대장'으로 바꾸었다. 큰아들은 내 마음 짚어서 잘 헤아리니 '내 마음 아실이'로, 작은아들은 그리운 것은 멀리 있다고, '내 마음의 풍경'이라고 저장했다. 이제는 집에 있으면서 가장으로서 남편으로서 가족들 곁에 있어 주었으면 좋겠다는 바람이었다.

명예퇴직하고 집에서 지낸 지 두 달쯤 되던 봄, 남편이 예전에 다니던 직장 선배가 다른 곳에서 자리 잡아놓고 같이 일하자고 불렀다. 중소기업이었다. 거기에서도 예전처럼은 아니어도 자주 어울려 다녔는지, 풀 먹인 듯 빳빳하게 다려 입혀서 보낸 옷이 후줄근해져서 집에 오기 일쑤인 것을 보면서 어느 날 내가 말했다.

"나이 들면 애들 떠나고 심심해서 어떻게 하지."

내 말에 남편은 자기랑 같이 놀자고 했다.

나는 다시 말했다.

"자기는 재미없어서 같이 놀기 싫다."

"혹시 알아? 그때 되면 말문이 터질지."

우리는 한바탕 웃었다. 말주변 없지, 얘기하면 높낮이가 같아서 도저히 말하는데 흥미를 유발하지 않지, 얘기 소재도 부족한

데다가 음성은 나직해서 그가 얘기할 때면 잠시는 귀 기울이지만 머리는 딴생각하고 있었다.

잡기囉記도 싫어해서 도저히 웃음이라고는 남한테 선사할 것이 없는데, 어떻게 오랫동안 주위 사람들이 잘 챙겨주셨는지, 인덕이 있어서 그랬는지, 그분들께 새삼 감사했다. 그래도 내가 믿는 구석 한 가지는 있었다. 착한 성품이었다.

회사 분위기를 감지했는지, 어깨가 축 처져있던 어느 날은 3년 정도 다니던 중소기업인 그곳마저도 정년퇴직으로 밀려났다. 다시 예전의 생활로 되돌아간 듯, 집안에서 할 일 없이 TV만 보는 것을 지켜보는 나도 힘들었다.

그렇다고 스스로 혼자서 산에 가거나 누구를 청해서 만나러 다니는 사람은 아니었다. 부창부수라고 남편 모습에 내 형상이 투영되었다.

초겨울, 날씨마저 을씨년스러운데 찬바람까지 불어대니 안쓰럽게 휘청대고 있는 황량한 나뭇가지, 내 처지가 딱 그랬다. 볼품이 없었다. 나도 같이 초라해져 가고 있었다.

두 아들들은 취직해서 직장 다니고 있지만 옛말에 '아들 밥은 앉아서 먹고, 남편 밥은 누워서 먹는다'라고. 남편 등만 보고 살다가 이렇게 되고 보니 나도 매사에 재미난 것이 없었다. 언젠가 연세 드신 지인이 그러셨다.

"우리 남편 기자 할 때 잘 나갔지, 집에 들어오지 않는 날이 부지기수였어, 그런데 말이야, 그때 내 남편이 가장 멋졌어."

생각해보니 내 남편도 어깨 힘 들어갈 때, 그때는 뭘 입혀도 어울렸고, 무엇을 한다고 해도 자신감이 넘쳤던 듯했다.

  그러다가 봄이 왔다. '우리 집 대장'도 기지개를 켜는지 석 달 정도 밤낮 가리지 않고 자격증에 도전하더니 곧바로 취득하여 작지만 오래 다닐 수 있는 회사에 취직했다.

  옛날의 영화는 흘러갔지만, 인생은 '등가교환의 법칙'이 있다고, 무언가를 이루기 위해서는 대가를 치러야 하듯이, 다시 또 더 높은 자격증에 도전하기 위해 틈틈이 공부하는 우리 집 대장, 주말은 부재중 제2탄을 만들어 볼까? 이번에는 조금 약하게.

# 푸른 금대계곡

 삼복더위가 이 정도는 되어야지, 천지가 펄펄 끓는다고, 길가에 핀 꽃들은 목이 말라 바싹바싹 타들어 간다고, 땅은 쩍쩍 갈라진다고, 매미는 그악스럽게 울어댄다고, 땡볕에 나가 5분만서 있어도 내 몸에 있는 수분이 모조리 증발할 것 같다고, 그러면 휴가철이 된 거다.
 삼복더위를 비웃으면서 초등학교 다니는 고만고만한 녀석들을 싣고, 몇 년째 동생네 가족들과 만났던 우리 여름 별장으로 간다. 산도 깊고 골도 깊은 그곳, 치악산 금대계곡 캠프장으로.

 당시에는 지금처럼 예약제가 아니었다. 캠프장 정문 앞에서 누군가 휴가를 끝내고 나가면 그 숫자만큼 텐트가 들어갈 수 있었다. 언제 빠질지 모르는 그 한 자리를 위해 아침부터 뙤약볕에 줄줄이 서 있어야 했다.
 두세 시간 기다리는 것은 예사였다. 기다리면서 들여다본 캠프장 풍경은 그곳에서만 볼 수 있는 잔잔한 평화가 흘렀다.

 자리가 나면 남자들은 텐트를 치고 여자들은 부엌부터 만들었다. 수돗가 가까운 곳, 큰 느티나무 아래에는 모두가 탐내는 넓고 평평한 바위가 있다. 다행히 그 바위를 누군가 쓰지 않고 남아 있으면 그곳에다 부엌을 만들었다.

근처에서 큰 돌을 얹어서 식탁도 만들고, 찬장을 올려서 갖은 양념과 음식 재료들을 정리했다. 음식 하기 좋아하는 막내 여동생은 휴가 때마다 손질해 온 장어를 굽거나 장어탕을 끓여서 주위에 계신 분들을 불렀다.

호박 부침개가 노릇노릇 익으면 아이들을 불렀다. 물에서 나온 녀석들은 젖은 옷으로 둘러앉아 후다닥 먹고는 어딘가로 가버렸다. 우리 집 아들 둘과 여동생 두 집, 합쳐서 여섯 명인데 그중의 사내아이가 다섯이고 여자가 한 명이다. 하지만 그 여자 조카는 성별만 계집아이였지 하는 행동은 사내아이 찜 쪄 먹을 정도로 씩씩해서 어릴 때부터 같이 전쟁놀이하고 컸다.

어떨 때는 그중 제일 형인 우리 집 큰 녀석과 동갑인, 동생네 아들이 밥도 먹는 둥 마는 둥 하고 물총 들고 일어나면, 막내들은 밥 먹다가 물 한 모금 삼키지도 못하고 뛰쳐나갔다. 사내 녀석들이라 밥만 먹여주면 되니, 엄마 치맛자락 잡고 징징대는 아이가 없어서 우리도 한결 수월했다.

저녁이 되면 각 텐트 앞에 모기향을 피워놓고 애들 먼저 씻겨서 들여보내면, 텐트 앞 빨랫줄에 늘어놓은 물 뚝뚝 흐르는 옷가지 사이로, 녀석들이 보였다. 준비해 온 '마블 게임'을 하는지 늦게까지 왁자하니 텐트가 들썩거렸다. 그러면 우리는 늦은 밤, 손전등을 들고 목욕을 다녔다.

계곡 아래로 이어진 나무계단을 타고 내려가면 얕고 넓은 계곡이 나오고 오른쪽으로 더 들어가면 조금 더 깊은 곳에 큰 바위가 버티고 있다. 완전 가족탕이다. 어떤 날은 남자 여자 나뉘어서 씻고 있는데 불빛이 한 바퀴 산을 돌더니 인기척이 나면서 웅성웅성 소리가 들렸다.

　누군가 가까이 오는 걸 알 수 있었다. 막내 제부가 급하게 바위로 올라가더니 춤을 추면서 신호를 보냈다. 하늘엔 달이 떴는지 기억은 나지 않지만 춤추는 제부의 실루엣은 또렷이 보였다. 콧노래를 부르며 날렵한 몸에 엉덩이를 흔들며 신나게 춤을 추니 상대도 느꼈는지 손전등으로 두어 번 깜박여주고 돌아서 나갔다.

　한가한 낮이 되면 매미가 우는 나무 그늘에 앉았다. 오는 사람 가는 사람 집집이 짐도 많고 살림도 제각각이어서 그것 보는 재미도 쏠쏠했다. 어떤 이는 며칠 얼굴 보며 부대꼈다고 집으로 가면서 남은 먹거리를 주고 가기도 했다. 언젠가는 목욕 갔다 오면서 불빛에 비친 작은 뱀이 나무계단 위를 스윽 지나가는 것을 보고 그 뒤부터 밤에 다니지 않고 설핏해지기 전, 옷을 입은 채 물에 들어가 씻었다.

　하루는 외사촌 동생 부부가 초등학생 아들을 앞세우고 왔다. 이 조카는 외동이라서 그런지 버릇이 없다고 녀석들이 그랬다. 줄줄이 형들을 앞세우고 있는 조직 세계에서 혼자만 고집을 부리려 하기에 녀석들은 버릇 좀 고쳐주려고 날을 잡고 있었나 보았다.

　애를 물에 데려가서 머리를 넣었다 꺼내기를 반복해도 잘못했다는 소리를 하지 않더란다. 외로워서 그랬는지, 조직의 쓴맛을 알게 되어서 그랬는지, 그 뒤로 조금 유순해진 얼굴로 형들 꽁무니만 따라다녔다.

지금과 달리 그 당시에는 여러 집 녀석들이 어울려 놀다 보면 장난꾸러기들이 꼭 한둘은 있기 마련이었다. 그래도 그리 억세게 노는 녀석들이 아니라서 마무리는 잘하였다.

집으로 가야 할 시간이 되니 조카는 가지 않으려고 떼를 썼지만 할 수 없이 끌려가듯이 그곳을 떠났다. 갈 때도 여섯 명의 녀석들은 주먹 세계가 그러하듯이 차가 지나갈 수 있게 넓게 두 줄로 서서 인사했다.

"형님, 안녕히 가십시오."

일제히 고개를 90도로 숙이니, 일명 7성급 국립공원 야영장이 쩌렁쩌렁 울렸다.

캠프장에서 계곡을 따라 40분 정도 오르면 옛 모습을 간직한 천년고찰 '영원사'라는 작은 암자가 나온다.

기와는 세월의 더께가 앉은 듯 푸른 이끼로 뒤덮였고, 처마 밑은 굵은 나무로 무너지지 않게 지지대를 세워 놓았다. 그곳에 서서 유유히 흘러가는 구름을 보고 있노라면 우리 인생도 저렇게 흘러 흘러 어딘가로 가겠지 싶어 괜스레 감상에 젖기도 했다.

언젠가는 교과서에 실린 '은혜 갚은 까치'의 전설이 있는 '상원사'를 간다고 일찌감치 산행을 시작했다. 영원사를 지나서 금대계곡의 백미를 보며 오르는 길이다. 산에서는 주로 내가 길을 앞섰는데 초등학교 고학년인 녀석들은 경쟁이나 하듯이 뛰다시피 오르고, 막내들은 형들 따라붙느라 엄마 한 번 돌아볼 틈도 없이 숨이 꼴딱꼴딱 넘어갈 정도로 힘들어했다.

　얼마쯤 올랐을 때 산을 그다지 즐기지 않는 여동생은 힘들다고 그만 내려가자고 뒤에서 아우성이었다. 그래, 잠시 쉬었다 가자 싶어 골짜기에 섰는데 흰옷 입고 길게 머리를 풀은 아가씨가 높은 바위에 앉아서 우리를 내려다보고 있었다.

　등골이 서늘했다. 부슬부슬 비는 오는데 망연자실한 표정으로 앉아있으니, 식구 많은 우리가 놀랐는데도 정작 본인은 미동도 없었다. 무슨 피치 못할 사정으로 혼자 왔는지 모르겠지만, 다음에는 이런 서늘한 골짜기는 혼자서 다니지 말고 좋은 사람들이랑 함께 오라고 기원했다.

　목적지 상원사까지 갔다가 내려갈 데는 보이지 않는 것을 보니 아마 무사히 잘 다녀간 것 같았다. 혹시 등산객은 아닐까 싶어서 다시 돌아봐도 산행 복장은 아니었다. 캠프장에 도착해서 빗물과 함께 끓여 먹은 라면 맛은, 그 분위기에 맞닥뜨린 사람만이 알 수 있겠지.

　그 후 거의 10년을 아들들 대학 끝날 때까지 그리워만 하다가 2년 전 초가을, 가족과 가볍게 다녀왔다. 많은 것이 달라져 있었다.

　입구에는 큰 주차장을 만들어 차는 거기에 두고 짐은 손수레로 실어서 나르도록 했고, 텐트 친 동과 동 사이에 허리만큼 오는 나무를 심어서 사생활을 보호하는 듯 보였다. 길 따라 계곡 따라 푸른 녹음 따라 올라가는 영원사의 대웅전은 말끔하고 튼튼하게 새로 지어졌다.

휴가철만 되면 설 푸른 가로등 아래에서 책을 읽고 있는 젊은 제부가 보이고, 아침이면 텐트 앞에 앉아 어린 딸 머리 묶어주느라 색색의 방울들 한 주먹 앞에 둔 여동생이 보이고, 눈만 뜨면 부스스한 얼굴로 놀거리부터 찾는 미소년인 녀석들이 보이는 금대계곡. 간혹 텐트에서 그리운 비 님을 만나게 되면 손바닥 내밀어 차가운 빗물의 톡톡 튀는 감촉을 즐기기도 했던 그곳.

언젠가 사무치게 그리워서 늦은 봄 친구들과 찾았더니 호랑나비의 화려한 날갯짓이 있었다. 아마 내가 평생 이렇게 많은 나비를 또 볼 날이 있을까 싶을 정도로 종류도 많고 예뻤다.

산수국이 피고 나비 날아드는 계곡에서 시원한 물소리 듣고 크는 산딸기는 또 얼마나 붉고 탐스러웠는지….

그 푸른 금대계곡이 영원사 가는 길에 지천으로 핀 원추리꽃처럼 그립다.

# 남편의 감사패

 2020년 말 남편 회사 입사 동기 부부 모임이 있었다. 술이 몇 순배 돌고 나니 속에 담아두었던 이야기들이 쏟아져 나왔다.
 누구는 정년이 몇 년 남았고, 누구는 내년이고, 누구는 셋째가 아직 중학생이니 대학 갈 때까지 만이라도 회사가 잘 버텨줬으면 좋겠다고 이야기했다. 그 말을 들을 때만 해도 사태가 이렇게 심각할 줄은 몰랐다. 가끔 남편은 말했다.
 "회사가 이렇게 가다가는 몇 년 안에 다른 곳에 넘어가거나 문 닫을지도 모른다."
 취업준비생인 큰아들한테까지도 본인이 다니는 회사에 지원하기를 꺼렸다. 예전에는 가끔 노조와의 협상이 어려우면 보따리 싸서 본국으로 돌아갈 거라고 협박을 하는 통에 노조도 힘을 잃고 곧잘 수습해서 이번에도 크게 마음 쓰지 않은 것도 사실이었다.
 2월 초순이었다. 대학교 4학년이 되는 작은아들의 대학원 진학 문제를 놓고 결론이 나지 않아 한 해 운세도 볼 겸 평소 친분이 있는 역학 하시는 분을 찾아가는 길이었다. 남편은 뜬금없이 회사도 좀 물어보라고 했다.
 구정이 지나면 구조조정을 할 것 같다고 하면서 20년 이상 과장급 이상은 다 사표를 쓰라고 한다는 거였다. 생산부서 합쳐서 거의 150명 정도를 자른다는 방침이 본사에서 내려왔다고, 작년 영업이익이 2%인데 이번에는 아마 버티기 힘들 거라고 했다.

역학원에서는 '본인이 직접 쓰지만 않으면 괜찮은데, 내년이 문제'라는 거였다. 내년에는 회사 입장 생각해서 공명심에 쓸 거라고 하면서, 올해는 눈 감고 버텨내라고 신신당부했다. 남편은 그 이야기를 듣고는 아무런 말이 없었다.

구정을 시댁에서 보내고 모처럼의 긴 연휴 덕분에 친정 동생들이 우리 집에 와서 만두도 빚어 먹고, 쇼핑도 다니고, 틈틈이 고스톱도 치면서 즐거운 날을 보내고 있었다.

잡기에 흥미가 없는 남편은 혼자서 음악을 듣거나 TV를 보았다. 원래 나서서 뭘 주관해 흥미를 유발하지 않는 성격을 알고 있기에 그런가 보다 했다.

설 연휴가 끝나고 회사에서 퇴근한 남편이, 오늘은 입사 동기 누구누구가 사표를 제출했다고 하더니, 그 뒷날은 대학 동기 누구도 썼고, 상무도 쓰고 사장도 썼다고 했다. 그 말을 들으면서 내가 말했다.

"자기는 직접 쓰지 않으면 되니깐 애들 생각해서 꼭 버티라."

몇 번을 계속 말했다. 이 삼 일이 지난 어느 날, 남편이 사표를 썼다고 이야기했다.

사표를 쓴 직원들 10%는 뽑아서 다시 기회를 준다는 말이 미끼였던 것 같았다. 가까운 직원 누구는 8월에 딸 결혼식이 있어서 결혼식 끝나고 쓴다고 둘러댔다.

그 직원은 몇 년 전 구조조정 때 한직으로 밀려나는 것을 남편이 직속상관한테 싫은 소리 들어가면서 옆에 두었는데 이번에 살아남았다고 하니 더 속상했다.

직접 쓰지 않은 직원들은 다 살았다는 말에 순간 남편이 원망스럽기도 했지만, 그의 성격상 하루가 멀다고 압박을 가하면 견디지 못했을 거라는 생각을 했다.

회사 측에서는 한 달에서 두 달 사이에 자리를 알아보겠다고는 했다는데 지푸라기라도 잡는 심정이 그런 것일까, 그나마 한 가닥 희망이 있었다. 역학 하시는 분께 사표를 썼다고 얘기했더니 역학인이 말했다.

"4월 안에 자리가 나올 거고, 여름은 어렵고, 늦가을에 더 좋은 자리가 있을 건데, 봐 가면서 갈아타도 좋다, 만약 내년에 나왔다면 직장을 구하기 어려운데, 어찌 생각하면 올해 나와서 자리를 잡아 놓는 것도 나쁘지는 않다."

퇴직 날짜는 2월 말이었다. 짐작이나 했더라면 계획이라도 세우던가 마음의 준비라도 해 놓을 텐데 하루아침 날벼락이었다. 나는 친정 동생들과 마냥 즐거워할 때 남편은 말 한마디 못 하고 끙끙 앓고 있었다는 것을 생각하면 미안하고 또 미안해서 올림픽공원을 걷고 또 걸으며 마음속으로 용서를 빌었다.

오래전에 주식 한다고 큰돈 날린 것이 또다시 뼈아픈 기억으로 되살아나서 더 힘이 들었다. 안개비를 맞으면서도, 황사 바람 속에도 눈물이 났다.

아직 아무것도 모르는 작은 녀석이 대학 학기를 이수하고 집에 있을 때, 남편이 회사에서 쓰던 짐을 쇼핑백 몇 개에 담아서 들고 왔다. 거기에는 겨울에 사무실에서 입던 점퍼와 회사에서 준 감사패도 들어 있었다.

 아들이 이 짐이 뭐냐고 물었을 때 사무실에 아빠 짐이 많아서 집에 좀 갖다 놓는다고 둘러댔다. 중국으로 출장 간 큰아들이 오면 같이 앉혀두고 얘기할 참이었다. 짐이 들어오는 날은 눈물이 솟구쳐 누구하고도 눈을 마주치지 못했다.

 그림을 좋아하는 남편은 간단한 도구와 물감을 사서 조금씩 여백을 메워 나가는가 싶더니 언젠가부터 더 이상 진도가 나가지 않는지, 여기저기 술 약속을 만들어 나가든지, 불러가든지 했다. 그래, 저 여린 사람이 이 상황을 어떻게 견딜까, 다행이다 싶었다.

 중국에 한 달간 출장 갔던 큰아들이 돌아와서 출근하더니 전화가 왔다. 아빠가 사직서 쓴 것이 맞느냐는 거였다. 회사 상사한테 들었다고 하면서 그분이 아빠 잘 위로해 드리라고 말했다고 전해주었다.

 "잘했어, 엄마. 내보내려고 마음먹으면 버텨내지를 못하실 거야. 밑에 사람도 생각해 줘야지. 한동안 쉬다가 직장 알아보면 되지 뭐."

 역시 상황판단이 빠른 녀석이었다. 33년의 직장생활이었다. 큰 녀석이 다니는 회사가 남편의 거래처라서 나오면서 인사를 했나 보았다.

 작은애가 문제였다. 워낙 남편을 좋아했다. 자주 집에 있는 것을 보더니 의아해했다. 휴가가 많아서 남은 것을 쓴다고 했더니 조금 미심쩍어하더니 그냥 넘어갔다. 더 이상 미뤄 둘 일이 아니다 싶어서 얘기하러 아들 방에 들어갔다.

앞에 앉혀 놓고 이만저만해서 아빠가 사표를 썼다고 했더니 금세 눈물을 글썽였다. 그동안 마음고생한 아빠를 생각하는 것 같았다. 그러면서 대학원을 포기하겠단다.

짐작한 대로였다. 그렇지만 공부는 때가 있으니 네가 원하면 계속하라고 말했다. 대신에 퇴직금으로 목돈이 들어왔으니 돈 걱정은 하지 말라는 말도 덧붙였다. 그때 남편은 거실에서 뉴스를 보고 있었다.

얘기를 끝내고 그동안 수고하신 아빠를 안아드리라고 했더니 아들과 아빠는 연인처럼 포옹했다.

4월 초, 다니던 회사 직장 상사가 다른 곳에서 자리 잡고 있다가 불렀다. 같은 직종이라 선뜻 수락했나 보았다. 그분을 만나러 가는 전날은 한 달 넘게 기침하고 있어 병원에서 수액을 맞게 했다.

기관지가 좋지 않은 남편이 혹시 면접 자리에서 곱게 보이지 않으면 어떡하나 하는 염려 때문이었다.

첫 출근 이틀 전에는 시부모님과 가까운데 여행도 다녀왔다. 아들의 퇴직 소식을 모르고 계시다가 새 건강보험증이 집으로 배달되어서 어떻게 된 거냐고 전화하셨다.

퇴직하면서 시동생한테 올렸는데 그걸 보셨나 보았다. 걱정되고 궁금했지만, 연락이 오기만 기다렸다고 하시면서 좋아하셨다.

'늘 한결같이 넉넉한 웃음과 따스한 격려는 저희에게 큰 힘과 활력이었습니다. 이제 저희 곁을 떠나지만, 여전히 큰 자리로 남을 것입니다'

남편의 감사패를 보면서 친정엄마에게 그간의 상황을 말씀드렸다. 가끔 집에 전화하면 이상하게 사위가 받아서 아직도 휴가를 쓰나 라고 하셨다고.

 한 달 보름 만에 새벽에 일어나 밥하고 옷을 다림질해서 출근시키니 나도 그동안 철이 들었는지 남편의 등이 그렇게 멋있게 보일 수가 없었다.

# 용기

미국 민주당 대선 후보인 오바마 상원의원이 인종 문제를 정면으로 제기해 미국 사회는 물론 세계적으로 큰 파장을 몰고 왔다. 정치인이 민감한 인종 문제를 공개적으로 거론하는 것은 금기로 되어있어 앞으로 그의 정치적 행보가 주목된다.

오바마는 2008년 3월 19일 미국의 건국 성지인 필라델피아 헌법기념관에서 연설했다.

"221년 채택된 합중국 헌법은 정의. 자유. 단결을 약속하고 있지만 노예제라는 원죄 때문에 더럽혀져 있었다."

40분간의 연설이었다. 자신의 태생을 언급하며 흑인과 백인 사이에 실재하는 뿌리 깊은 편견과 불만을 그대로 드러냈다. 그 이유는 그의 정치적 스승이라는 제레미아 라이트 목사가 말했다.

"9.11 테러는 국가 테러를 지원한 미국에 대한 보복 갓 블레스 아메리카(미국을 축복하소서)가 아니라 갓뎀 아메리카(빌어먹을 미국)"

이 동영상이 공개되면서 궁지에 몰린 오바마가 어떤 식으로든 파문을 진화해야만 되니 우회하지 않고 정면 돌파를 시도한 것으로 보인다. 그는 라이트 목사의 발언을 비판하면서 말했다.

"나의 백인 할머니와 의절할 수 없는 것처럼 그와 의절할 수 없다. 인종 문제도 보다 완전하게 만들어야 할 부분이며, 언젠가는 낡은 상처를 치유할 수 있다고 확신한다"

오바마는, 1961년 미국 하와이주 호놀루루가에서 태어났다. 2살 때 부모의 이혼으로 어머니와 인도네시아 거주, 동행 등 여러 지역에서 어린 시절을 보냈으며, 한때는 마약에 손을 대는 등 불행한 청년기를 보냈다.

1983년 컬럼비아대 정치외교학과 졸업 후 1993년부터 2004년까지 시카고 대학교 법과 대학의 전임강사를 거쳐 2004년 일리노이주 상원의원으로 정계에 입문했다. 그런 그가 표를 잃을 위험을 무릅쓰고 인종 문제에 정면으로 도전한 선택에 대한 평가는 미 유권자의 몫이지만 이런 정치인이 있다는 것은 미국의 희망이며 자랑이다.

최근에는 콘돌리자 라이스 미 국무장관이 민주당 대선주자 오바마 상원의원의 인종 문제에 대한 언급에 대해서 큰 박수를 보내며 말했다.

"미국이 이 문제로 인해 고난의 시간을 겪어왔다. 미국에는 역설과 모순이 존재한다. 우리는 여전히 이 문제를 해결하지 못하고 있다."

또 한 사람의 용기가 있는 거인으로는 요한 바오로 2세가 있다. 그는 폴란드 남부의 바도비체의 작은 마을에서 태어났다. 아버지는 예비역 육군 장교였고 어머니 에밀리아 카초로프스카는 리투아니아 출신의 초등학교 교사였다. 요한 바오로 2세는 어린 시절부터 천부적 재능을 지닌 만능인이었고 거의 모든 과목에서 A 학점을 받을 만큼 두각을 나타내며 8개 국어에 능통하기도 했다.

그의 큰 치적은 종교 간의 증오를 풀기 위해 다른 기독교 종파들은 물론 다른 종교와도 화해하고 결연을 하는 데에 있었다. 지난 수백 년 동안 서로 대립하던 타 교파 및 다른 종교들과 상징적인 화해를 한 셈이다. 이러한 요한 바오로 2세의 행적은 다른 종교의 존엄성을 인정한 매우 중요한 사건이라고 볼 수 있다. 한 종교의 최고 수장이 그렇게 한 것은 보통 용기가 아니다.

이러한 역사적인 인물 중에서 우리나라에는 정조가 있다.

조선왕조 500년 역사상 가장 파란만장한 삶을 살았던 인물. 당쟁의 소용돌이 속에서 죽음의 위협에 시달리며 왕위에 오른 정조는 문예부흥을 통해 새로운 정치를 구현하려 하지만 노론 권신들의 반발도 만만치 않았다.

정조는 1752년 영조의 둘째 아들 사도세자와 혜빈 홍씨 사이에서 태어났다.

이름은 산, 자는 형운으로 1759년 8세 나이로 세손에 책봉되었다. 아버지 사도세자가 당쟁에 희생되었듯이 정조 역시 죽음의 위협 속에서 세손 시절을 보내야 했으며, 홍국영의 경호로 목숨을 부지해가며 철저히 내면을 숨기고 살다가 25세 되던 해, 왕에 등극하면서 아버지에 대한 복수를 감행하고 파당을 배격하는 한편 새로운 인물들을 등용해 세력을 형성해 나간다.

그는 즉위하자 곧바로 규장각을 설치하여 문화정치를 표방하며 그를 경호하던 홍국영을 동부승지(정3품)로 기용했다가 다시 도승지로 승격시켰으며 숙위소를 창설하여 숙의 대장을 겸직도록 하여 점점 세력을 키워나갔다.

정조의 신임을 한 몸에 받은 홍국영은 실권을 장악하게 되자 누이동생을 후궁에 들이면서 그의 세도는 극에 달하지만 오래가지 못했다. 누이동생 원빈이 입궁한 지 얼마 되지 않아 병들어 죽었기 때문이고, 세력 정치의 표본인 정권을 독점하기 위해 왕비 효의왕후를 독살하려다 발각되어 1780년 집권 4년 만에 가산을 몰수당하고 귀양을 가면서 그의 화려했던 정치 인생은 비참한 최후를 맞고 막을 내린다.

한편 정조는 그동안 충실히 규장각을 확대하고 인재를 모아 외척들의 횡포를 누르고 새로운 혁신정치를 펼치려 했다.
1776년 설치된 규장각은 1779년에는 규장각 외곽에 검서관을 두고 그곳에 서얼 출신 학자들을 배치해 새로운 학문의 바람을 일으켰다. 개국 이래로 능력과 학식에 상관없이 입신의 길이 막혀있던 서얼들에게 조정으로 진출할 수 있는 길을 터 줌으로써 조정은 능력과 학식 중심의 장이 되었다. 이때 중용하였던 대표적인 남인 계열 인물로는 채제공을 비롯한 정약용이 있다.

숙종 후기부터 100년 동안 집권해 온 노론 벽파에 맞서 감행된 개혁은 정치, 경제, 문화를 총망라했고 그의 바람은 온 나라 백성이 탕탕평평, 즉 모두 태평성대를 누리고 잘 살자는 것이었다.

앞서 말한 세 사람의 공통점은 비록 처해있는 주위 환경은 달랐지만, 과거의 오랜 관습과 오류를 과감히 탈피하여 공동체적 운명의 발전을 모색하고자 주위의 압박과 위험으로부터 만용이 아닌 진정한 용기를 실행했던 선구자라 아니할 수 없다.

이는 비단 과거의 잘못된 관행을 개혁하는 시작이라는 둘레를 넘어 꾸준한 용기를 북돋는 원천이며, 지구상의 인류가 공존할 수 있는 새싹으로 과거에도, 현재에도, 미래에도 가장 필요한 인간의 지혜 중 하나라고 생각된다.

# 우리 집 오바마와 부시

녀석들이 우리 집에 온 지 햇수로 벌써 20년이 되어간다. 처음 사 올 때는 만지기도 조심스러워 꼼지락거리는 모습을 눈으로만 더듬었는데, 그 당시 유치원 다니던 두 아들은 마냥 신기하다고 좋아했다.

겨울이 지나고 봄이 시작되는 2월쯤 되면 입맛이 돋는지 먹이를 주는 대로 받아먹었다. 우리 집 남자들은 인정이 많아 들여다볼 때마다 밥을 주고 또 주고는 했다. 그러다 보면 먹고 남은 찌꺼기들이 물에 둥둥 떠다니며 악취를 풍겨서 물을 자주 갈아줘야 했다. 본인들이 물 갈아줄 것 아니라면 먹이주는 것 자제하라고 해도 막무가내였다.

키우는 햇수가 늘어나면서 녀석들의 몸집도 불어나 작은 어항에서 더 큰 집으로 여러 번 옮겼다. 그럴 때마다 지인들은 방생시키거나 어디 가까운 강에다 풀어주라고 성화였다. 그런데 만약 풀어준다면 생태계 파괴도 파괴지만 걱정되는 건, 집에서 십년 넘게 키운 생명을 다른 곳에다 풀어 놓으면 적응을 할 수 있을지가 더 큰 문제였다.

언젠가 가 본 경회루 연못에도, 설악산의 작은 암자에도, 심지

어느 석촌 호수에도 우리 집에서 키우는 붉은 귀 거북들이 사는 것을 보았다. 내심 여기도 괜찮겠다 싶어 막상 놓아주려고 하다가도 겨울은 어떻게 견딜까에 생각이 미치면 그 마음을 도로 거두었다. 그냥 키우는 데까지 키워보자고 한 것이 여기까지 왔다.

  8년 전부터 큰 어항에 물을 갈아 주는 것도 여간 성가신 게 아니어서 아예 욕실 바닥에다 풀어 놓고 키웠다. 물 갈아주는 일도 일이었지만 가장 난감한 문제는 수컷 두 마리다 보니 영역싸움이 심했다.
  그들은 보금자리를 위해 늘 다퉜다. 급기야는 세숫대야 두 곳에다 한 마리씩 넣고 먹이를 주는데도 사나운 '부시'가 '오바마'의 통에 들어가 발을 물고는 놓아주지 않는 일이 허다했다.
  아프다고 씩씩거리는 오바마를 구해 주려고 부시의 머리를 두드리거나 등을 때려도 막무가내였다. 그럴 때는 우리도 화가 나서 조금 심하게 다그치면 녀석도 강하게 저항하면서 콧바람을 더 세게 내뿜었다.

  작고 잽싸고 사나운 녀석을 '부시'라고 이름 붙여진 데는 이유가 있다. 그 당시 미국 대통령 '부시'는 테러와의 전쟁을 선포하고 아프가니스탄과 전쟁을 벌여서 전 세계 인권단체들로부터 강한 비난을 받을 때였다.
  우리 집 녀석의 횡포가 꼭 '부시 대통령'을 닮은 것 같았다. 부시는 기운이 넘치는지, 호기심인지 아니면 먹잇감으로 생각하는지 가끔 우리 발가락을 물기도 해서 볼일 보러 갈 때는 구석에 가둬버리고는 했다.

또 한 마리는 '오바마'이다. 미국의 첫 흑인 대통령이자 보수와 진보를 아우르며 인종차별 없는 하나의 미국을 지향하는 모습이 멋있었다. 그는 취임 하자 마자 핵확산 방지에 기여하고 중동평화회담 재개를 위한 공로로 노벨평화상을 받았다. 그의 이름은 점잖고 기품 있는 우리 집 또 한 마리의 거북이한테도 잘 어울렸다.

그런 우리 집 오바마가 불치의 병에 걸렸다. 어쩌다 기분 좋을 때는 두 마리가 앞서거니 뒤서거니 하던 거실 산책도 않고 구석에 들어가서 나오지도 않는 거였다. 처음에는 겨울이라서 그런가 싶어 대수롭지 않게 여기고 있다가 살펴보니 녀석의 머리 보다 두 배는 큰 혹이 목 밑에서부터 늘어져 있었다. 어쩌다 걸음이라도 옮기려 치면 빨갛게 부풀어 오른 부위가 쓰라린지 잘 다니지도 않았다.

강남에 있는 병원에 갈 때는 겨울의 절정이었다. 추울까 봐 스티로폼 안에 스웨터를 깔고 그 위에 비닐을 덮었다. 그동안 한 번도 병치레하지 않아서 주의해야 할 게 뭔지도 모르고 십 년 넘게 키우고 있다가 이런 일이 벌어지니 가족들도 긴장했다. 수의사는 암의 일종이라고 하면서 한 마리만 키우느냐고 묻는다. 혹시 스트레스받는 일이 있느냐는 거였다. 그러면서 거북이는 영역싸움이 치열하단다.

혹을 제거하느라 수술했다. 듬성듬성 기운 수술 자국을 보니 순하고 착한 녀석이 얼마나 고통스러웠을까를 짐작했다. 기운 내라고 포도당을 맞췄는데도 집에 오니 구석만 찾아 들어 눈을 뜨지 못했다. 의사 말로는 붉은 귀 거북이는 수명이 20~25년이라면서 살 만큼 살았다는 거였다. 병원 갔다 와도 전혀 먹지를 못해서 영양제를 또 한 번 놓아주고는 미음을 끓여서 주사기로 입을 벌려 먹이려고 해도 쉽지 않았다. 그렇게 또 며칠이 흘렀다.

  오바마를 햇볕이 들어오는 거실에 내다 놓았더니 기이한 일이 벌어졌다. 두 녀석이 앞서거니 뒤서거니 하면서 산책을 하는 거였다. 어쩌다 기분 좋으면 보여주던 평화였다. 부시가 앞서고 오바마는 눈을 내리깐 채로 그 뒤를 천천히 따르는 거였다. 앞이 보이지도 않을 건데 어떻게 걸음을 옮기는지 몰랐다. 아마 동물적 감각인가 싶었다. 이것이 둘의 마지막 행보일 거라는 생각에 울컥해서 남편과 나는 눈을 마주치지 못했다.
  그 뒷날 오바마의 몸은 차갑게 식어있었다. 우리집 세 남자는 나 모르는 곳, 뒷산에 묻어 주었다고 했다.
  지금도 의아한 것은 근 열흘 동안 물 한 모금 먹지 못했는데 어디서 그런 힘이 나와서 거실 산책에 나섰는지 모르겠다.

  싸우면서 정든다던가, 친구를 보내고 한참을 설치지도 발가락을 물지도 않고 구석에서 웅크리며 겨울을 보내던 '부시'가 언제부터인지 모르게 남편의 실내복만 보면 반색했다.
  종일 같이 있는 나는 외면하면서 어떻게 남편만 보면 그러는지 신기해서 물었더니 출근하면서 꼭 녀석의 밥을 챙겨준다는 거였다. 나도 종종 먹이를 주는데도 본체만체하더니 남편만 보면 쫑쫑거리며 따라다니고 무릎으로 오르려고 고개를 들이밀고는 한다.

어떤 때는 애들 아빠가 집안일을 좀 하려 하면 기를 쓰고 따라다녀 밟힐까 봐 화장실에 가둬둬야 할 지경이었다. 가끔은 큰아들이 남편 실내복을 입고서 운동시킨다고 들락거리면 긴가민가하면서도 뒤 따라다니는 모습이 우스꽝스러워서 가족 간에 얘깃거리가 되곤 한다.

"좋겠소, 막둥이가 생겨서."

언젠가 내가 말했더니 표현력 없는 남편이 대답했다.

"그럼 좋지."

만면에 웃음을 띠고 거북이 얼굴에 자기 코를 문지르고 난리다. 그가 늦게 오는 날은 어른 손바닥보다 더 큰 덩치가 실내복 밑에 앉아 하염없이 기다리는 모습이 안쓰러워 그 모습을 사진 찍어서 보내기도 했다.

이제는 더 이상 싸워야 할 대상도, 지켜야 할 명분도 없이, 윤기 흐르던 등껍질은 푸석거리니 그저 얌전히 밥 챙겨주는 주인 곁에서 그의 순한 막둥이가 되고 싶어 하는지도 모르겠다.

# 새댁

지난밤에도 많은 눈이 내렸는지 대문 앞이 소복하다. 출근하는 시댁 식구들 아침상을 봐 드린 후 새댁인 나는 여느 때처럼 빗자루를 들고 밖으로 나왔다. 치맛자락에는 곱게 자수가 놓인 분홍색 한복을 입고 허리에는 흰 앞치마를 두른 채, 눈을 쓸었다.
 야간 근무를 끝내고 얼어붙은 언덕길을 올라올 새 신랑이, 내가 쓸어 놓은 이 길을 밟고 가뿐하게 집으로 들어서기를 바라는 마음이었다.

 연말에 결혼한 나는 시댁이 있는 인천 부평구 산곡동에서 신혼을 시작했다. 자기 집사람이 되려면 먼저 가족들과 살아봐야 쉽게 정이 들고 친숙해진다는 것이 그의 소신이었다. 우리는 같은 회사에 다니는 친정 작은아버지의 중매로 만나, 3개월 만에 결혼식을 올렸다.
 시동생은 군대에 갔고, 집에는 시부모님, 직장 다니는 큰 시누이, 그리고 학생인 작은 시누이가 있었다.
 담장 안에는 예쁜 강아지 뽀삐 내외도 같이 살고 있었다. 아버님은 엄격하시고, 어머님은 영화를 좋아하셨다. 혼자 있는 낮에는 편한 옷으로 갈아입고 따뜻한 구들목 아래에서 웅크린 채 빈집을 지켰다.

결혼 전에는 환경 좋은 직장에서 젊음이 주는 낭만을 누리며 살았는데, 시댁에서는 누구와도 소통하지 못한 채 낯설고 물선 곳에서 지내려니 숨이 막혔다. 마치 적요寂寥 속에 갇힌 채 활달했던 나는, 내 정체성을 잃어갔다.
 전화요금도 턱없이 비싸 맘 놓고 사용할 수도 없었다. 몇 달 지나니 강아지는 새끼를 낳아 네 마리가 되었다. 내가 저녁 찬거리를 사러 나갔다가 터덜터덜 언덕길을 올라오면, 사는 게 재미없는 나와 달리 다복한 일가를 이룬 뽀삐 가족은 줄줄이 장독대에 서서, 힘겹게 올라오는 나를 보며 죽어라 꼬리를 흔들었다. 동물을 좋아하지 않던 내가 어느새 강아지들과 교감을 나누고 있었나 보다.

 어느 날은 시어머님과 남편, 이렇게 셋이서 저녁을 먹고 있었다. 밥은 먹는 둥, 마는 둥 하고 TV에 정신이 팔려있는 신랑이 못마땅해서 그이 밥숟가락 위에 연탄불 위 석쇠에서 구운 고등어 살점을 얹어주었다. TV만 보지 말고 이 야들야들하고 맛난 것도 얼른 먹어보라는 마음에서였다.
 그것을 본 어머님께서
 "어른 앞에서 그러는 게 아니다. 좋아도 속으로만 좋아해라."
 라며 조용히 말씀하셨다. 부끄럽기도 하고, 서러워서 또 한 번 울었다. 그렇게 시댁은 점점 어렵고 나는 더 위축되어 갔다. 그런데다 겨울이라 방 세 곳의 연탄불도 갈아주어야 했는데 연탄이 아래위로 자주 들러붙었다.
 기관지가 좋지 않은 나는 연탄가스 냄새가 싫어서, 한 손은 코를 막고 한 손은 연탄을 들고 마당으로 나가 식칼로 가운데 부분을 찔러 붙어있던 것을 떼어 냈다. 얼굴은 눈물 콧물 범벅이 된 상태였다. 어떤 때는 그중 한 곳이라도 퇴근 시간 전에 꺼져 있으면 혼자서 발을 동동 굴렀다.

우리가 결혼할 즈음, 남편이 다니는 회사는 호황기였다. 아니, 전 세계가 부흥기였다. 시간 외 근무가 잦은 남편은 주말에도 자주 불려 나갔다.

집이 있는 인천 부평구 산곡동에서 직장이 있는 서울 광진구 광장동까지는 왕복 6시간 정도 소요되었다. 버스를 타고, 전철을 타고, 또 통근버스로 갈아타고 다녔다.

오버타임이 잦아서 남편이 집에 있는 시간은 밀린 잠을 보충하는 것이 대부분이었다. 내성적이라 용기도 없고, 말주변도 없는 그이는 결혼하니 더 조심스러운 사람이 되어갔고, 그럴수록 나는 서툴기만 한 시댁살이에서 어디에도 끼지 못하는 작고 외로운 도토리가 되어갔다.

시부모님 두 분의 생신이나 명절에는 시댁 친척들이 자주 오셨다. 방방이 둘러앉아 웃음꽃을 피우는데, 설겆이를 끝내고 방으로 들어온 나는 흐린 방 불빛 앞에 앉아, 눈물 글썽거리며 울고 있었다. 분명 나도 저런 시절이 있었는데, 동생들과는 또 얼마나 다정했는지, 그 생각을 하면 가슴이 아렸다.

산은 산 끼리 닮았다고 했던가, 고향 산천이 그리우면 강아지들을 앞세우고 책 한 권 끼고 주변 산으로 올라갔다. 낙동강 근처가 고향인 나는, 이명처럼 자주 그 강물 소리가 들리는 듯했다.

바람이 소슬하게 부는 날은 허리 깊숙한 갈대의 수런거리는 소리라든지, 해 질 녘이면 철새들이 v 자를 그리며 서산 너머로 줄 맞춰 날아가는 모습이라든지, 하늘을 물들이며 붉게 번져가던 노을은 또 얼마나 멋졌는지, 모든 게 눈물 나게 그리웠다.

그것은 젊은 나이에 혼자되신 엄마의 아픔이었고, 생때같은 맏자식을 잃은 할머니의 주홍글씨였고, 형부가 된 사람이 어느 날 갑자기 나타나서 언니를 빼앗아 간 동생들의 슬픔이기도 했다.

그렇게 앉아 한동안 눈물 바람을 하고 나면 새댁은 속이 후련했다. 한 시간 정도 마른 풀 위에 앉아 강아지들과 비비다 보면 울컥하고 올라왔던 설움이 좀 가라앉았다. 그러면 뽀삐 내외를 불러서 맛없는 밥을 지으러 다시 부엌으로 들어갔다.

결혼한 지 6개월쯤 되는 초봄에 시아버님께서 말씀하셨다.
"이제 너희도 직장 가까운 곳으로 가서 재미나게 살아보아라."

그 말씀에 또 눈물이 났다. 내 외로움에 겨워 살갑게 해 드리지 못한 죄송스러움과, '나'는 던져버리고 오로지 '새댁'으로 살면서 겪은 조화롭지 못했던 현실의 벽 때문에 가슴앓이했던 생각이 났다.

처음부터 시댁에 들어오지 않고 서로 얼굴부터 익히고 정서를 나누었으면 좀 더 성숙한 모습으로 가까워지지 않았을까 하는 후회가 앞섰다.

서울로 살림을 날 즈음, 친정 할머니께서 꿈을 꾸셨다 한다. 어려서 돌아가신 친정아버지가 예의 그 헌병 옷을 입고 오셨더란다.

"야야, 네가 여기는 우얀 일이고?"

할머니가 물어보니 아버지는

"혜정이 서울에 델다 놓고 갑니더." 하면서

두 팔을 펴고 훨훨 날듯이 가버리셨다고 한다.

병석에 계시다가 돌아가시던 그 날, 할머니 곁에서 주무시듯 숨을 거두셨는데, 가시면서

"엄마, 먼저 가는 불효자를 용서 하이소."

이승에서 작별의 말을 고하셨단다.

"이상하다, 니가 서울로 오는 거 알고 있었는갑다, 가고 나서는 한 번도 안보이던데."

할머니는 눈자위가 짓무르도록 우셨다.

딸 중에 첫째인 나를 그리 귀히 여기시고, 줄줄이 딸 셋을 낳은 엄마에게는 딸이 열 명이라도 좋다고 하셨다는 아버지였다.

진해 헌병대에서 근무하실 때는 백차 타고 다니시면서 군항제 행사 때 이승만 대통령이 오시면 맨 앞자리에서 진두지휘하실 정도로 큰 키에 인물이 출중하셨다고 엄마는 회상하셨다.

고등학교 때는 말 타고 다닐 정도로 넉넉한 집안에서 자라나 서른세 살, 장티푸스로 돌아가시기 전까지는 지역에서 유지有志였던 할아버지의 믿음직한 맏이셨다던 아버지.

결혼한 다음 해 4월 7일, 우리는 작은 용달차에 이삿짐을 싣고 서울로 가는 강변도로를 달리고 있었다.

언제 봄이 왔는지, 강가에는 개나리 노란 꽃잎이 부풀고, 도로변에는 쥐똥나무 초록 잎이 손가락 첫마디만큼 올라와 있었다. 남편과 나는 흔들리는 용달차에 앉아서 자꾸 실없는 웃음을 흐물흐물 흘렸다.

강동구 암사 아파트 입구에 도착하니 경비 아저씨께서 반가워하며 말했다.

"아니, 이 피아노는 6개월 전에 나갔는데 다시 왔네."

결혼하기 전 동생과 이곳에서 자취하면서 인사를 하고 다녀 얼굴을 익혀서 그런가 싶었다. 그때야 나도 작은아버지 내외분과 동생들이 사는 고향에 돌아온 것처럼 얼어붙은 마음이 풀리고 있었다.

# 집, 나갈 거야

　녀석이 초등학교 3학년이 되던 어느 날이었다. 작은아들이 자기들 방 침대에서 나를 부르더니 같이 팔베개하고서 나눌 이야기가 있다고 했다. 난 저녁 먹은 설거지를 하고 있던 참이라 그냥 얘기하라고 뒤도 돌아보지 않고 말했었다. 그랬더니 같이 나란히 누워서 답을 해 줘야 된다는 거였다. 아들 말이라면 거역이 어려운 난 물 묻은 손을 수건에 닦고 녀석이 기다리는 침대로 갔다.

　"엄마는 내 이야기를 안 들어주겠지. 아마도."
　작은아들이 운을 뗐다. "무슨 일인지 알아야 들어주든지 말든지 하지."
　몇 번을 묻고 또 물어도 시원한 답은 없었다.
　"분명히 우리 엄만 안 된다고 할 거야."
　녀석이 나를 자극했다. 얘가 무슨 이유로 나를 시험하려 드는지 곰곰 생각해보다가 말했다.
　"너 오늘도 엄마 방에서 자려고 그러지?"
　녀석은 벌떡 일어나며 소리쳤다.
　"와, 우리 엄만 역시 귀신이네."
　나는 단호하게 '안 된다'라고 하면서 토, 일요일만 엄마 방에서 자기로 약속 한 것도 잊었느냐고 나무랐다.

잠은 네 방에서 자면서 일어나기는 하루도 거르지 않고 엄마 방에서 일어나는 너도 양심이 좀 있으라고 했더니 그날은 좀 무서운 만화를 봐서 밤이 되면 여기저기 벽에서 도깨비가 불쑥불쑥 나올 것 같다나 어쩐다나. 안 된다는 내 말에 아들이 대꾸했다. "그럼 나 지난번처럼 엄마 아빠 잠 못 자게 베란다로 가서 창문 넘어 엄마 방 갈 거다."

며칠 전, 그날도 우리 방에서 잔다는 걸 큰아들이, '방문 잠그고 자라고, 엄마는 맨날 아들은 씩씩하게 키워야지 하면서, 밤마다 잠자다가 건너와도 다 받아주니 애가 소심해서 무서움도 잘 탄다'라고 했다.

그날은 남편과 의논해서 방문을 잠그고 잤더니 밤이 늦도록 베란다 문을 '드르륵 끽끽, 드르륵 덜컹'하면서 열었다 닫기를 반복했다.

거실도 정신없이 왔다 갔다 하고, 화장실도 들락거려서 식구들 전체가 잠을 못 자고 항복을 해버린 일이 있어 그 이야기를 하는 거였다. "한 번만 더 그랬단 봐라 밖으로 쫓아 버릴 거니깐"
내가 소리쳤다.

기회는 이때란 뜻인지, 아니면 아들이라면 끔뻑 넘어가는 엄마가 그럴 수가 있냐는 듯, 서운한 심사를 그런 뜻으로 표현하는지 모르겠지만 잠바를 걸치는 거였다. 그리곤 비닐을 찾더니 서랍에서 옷을 주섬주섬 꺼내 마구 쑤셔 넣는 거였다. 이 모양을 처음부터 지켜보고 있던 큰아들이 작은 녀석의 부아를 긁었다.

"너 아마도 무서워서 계단도 못 내려갈걸. 학원 갔다 올 때도 맨 날 엄마 불러서 현관문 열어 놓으라고 벌벌 떨잖아. 아무리 집 뒤가 산이라지만 너처럼 무서움 많이 타는 애는 처음 본다. 너 나가면 엄마, 아빠는 밤마다 편하게 주무시겠지. 맨날 네가 잠자다 와서 몸부림치는 통에 엄마가 너 때문에 요에서 밀려나 방바닥에서 주무시는 거 알지? 잘됐다."

난 마냥 어린애 같은 녀석이 어디서 저런 맹랑한 일을 저지르려고 하는지, 가슴이 벌렁거렸다. "그래 너 나가라. 나가면 어디서 너 받아주나 봐라. 아마도 지하철 앵벌이 아니면 남들 피해주는 사기범밖에 더 되겠냐. 모르지, 운이 좋으면 어디 괜찮은 곳 양자로 갈 테지만 아마 그렇게는 어려울 거다. 그리고 너희 아빠처럼 너희들한테 잘하는 아빠 있나 보고, 엄마같이 너희들을 사랑으로 품어주는 엄마 있나 눈 씻고 잘 찾아봐라. 그리고 건강하게 잘 커라. 참, 다음에 어른이 되면 한번 찾아 와 줄래?"

속상해서 내가 무슨 말을 하는지도 모르고 혼자 서러워서 마구마구 독설을 쏟아부었다.

그 말을 무심이 없이 듣던 작은아들이 무슨 생각을 했는지 냉장고에서 반찬통을 주섬주섬 꺼내더니 비닐에 담는 거였다. "반찬은 왜 갖고 가, 네가 아무것이나 주워 먹고 살아야지. 벌어먹든지 동냥해 먹든지 하고 반찬통 냅둬라." 큰아들 말에 혼자서 콧노래를 부르며 불안한 마음을 달래는 것 같은 녀석은 사태가 이렇게 커질 줄 몰랐는지 슬그머니 거실에 앉더니 비닐을 내려놓는 거였다. 그리곤 서랍을 여닫으며 옷을 주섬주섬 쑤셔 넣으면서 콧물, 눈물범벅이 되게 울고 있었다.

마냥 여리고 착해서 도저히 저 작은 애가 그런 생각을 한다는 사실을 꿈에도 생각지 못한 나는 속상해서 말했다.
"너, 그 옷들, 엄마가 한 것처럼 반듯반듯 칼 같이 접어서 서랍에 넣어라. 바지도 선 맞춰서 안 접어놓기만 해봐라."
으름장을 놓았지만 내가 내 성화에 못 이겨 미칠 지경이었다. 그래, 저애는 어릴 때도 아연실색할 사건이 있었지.

작은아들이 4살 무렵이었을 때, 이곳 상일동으로 이사를 오기 전 문정동에 살 때였다. 저녁 먹고 나면 가족들이 운동을 다니던 어느 겨울날, 그날은 달도 없었다.
무엇 때문이었는지는 잊었지만 내가 작은아이를 놀렸는데 화가 난 녀석이 끝까지 나를 잡으러 왔다. 그때는 녀석이 어려서 달리기도 잘 못 할 때였는데도 아마 이를 악물고 쫓아 오는 것 같았다. 그 모습을 본 남편은 말했다. "어른이나 애나 똑같다. 그냥 잡혀줘라!"
잔뜩 독이 오른 녀석의 얼굴을 보니 무서워서 멈출 수가 없었다. 도망치다가 학교 운동장 귀퉁이에 괴물처럼 서 있던 정글짐으로 올라갔다. 밑을 보자니 다리는 후들거리고, 맨 꼭대기까지 가자니 내가 감당이 안 돼서 그만 잡혀 버린 적이 있었다.
지금도 괴이한 것은 놀이동산 기계의 굉음이 싫어서 일찌감치 그곳과의 인연을 끊어버린 녀석이 어떻게 밑에 구멍이 숭숭 뚫린 정글짐은 내가 있는 곳까지 올라왔는지, 그때 일을 상기하며 악바리 근성인 작은아들을 한 번 더 돌아보았다.
줄줄 울면서 옷을 넣다가도 자기 형이랑 나한테 몇 번의 지청구를 들어가면서도 정리했다. 나는 그 옷을 넣으면서 자기가 벌인 행동을 뉘우치라고 반듯반듯 접으라고 시켰는데 내 뜻을 아는지 모르는지 샤워하고 잠자리에 든 모습이 그저 사랑스러웠다.

낮에 한 행동을 생각하면 또다시 가슴이 벌렁거렸지만. 그날 밤에도 어느 틈에 또 베개 들고 건너와서 자는 아들 곁에서 잠결에 살며시 물었었다. "너 또 집 나간다고 할 거니?"

아들이 말없이 고개를 절레절레 저었다. "아빠한테 이를까?"

내가 물었더니 또 고개를 젓고 있는 녀석이었다.

아마 중학교 가면 집 나가란 말은 못 할 거란 생각이 들었다. 사춘기 때, 감정의 소용돌이로 격정의 시절을 살고 있을 때라, 녀석의 성격상 한번 생각한 일은 무슨 일이든 실행에 옮기기 때문에 겁이 나서 못 할 것 같았다. 오히려 모범생이자 원리원칙주의자인 큰아이의 성장기를 염려했더니 더 맹랑한 하이에나를 품에 키우고 있었다.

이삼일이 흘렀다. 녀석은 수업 끝나고 집으로 바로 오지 않고 참새가 방앗간 들르듯 친구 집에서 조금 놀다 온다고 전화했다.

쌍둥이인 아들 친구는, 특별활동 시간에 해양소년단을 가고 싶어 했는데, 우리 집 녀석은 색종이 접기 반에 들어가기를 희망한단다. 그래서 두 쌍둥이도 해양소년단을 포기하고 색종이 접기반으로 가야겠다고 집에다가 통보했나 보았다. 그러면서 자기 엄마한테 말했다.

"선식이랑 같이 해양단에 다니고 싶어 한다"

아줌마한테 얘기를 좀 해달라고 했다는 자기들끼리는 끈끈한 그런 사이다.

놀다 온다는 전화를 받고 내가 말했다. "아예 그 집에서 살아라. 엄마가 옷이랑 다 보내 줄게."

내 말에 당장 집으로 온다는 아들에게 내가 너무했나 싶어 그럼 30분만 놀다 오라고 했더니 집으로 바로 갈 거라면서 이제 어디 나가서 살란 말 하지 말라고 나를 책망했다.

집 나간다고 큰소리쳐 놓고 속으로 얼마나 졸았으면….

# 프랑스 중위의 여자

'프랑스 중위의 여자'. 이 책은 프랑스 출신 존 파울러가 1969년에 쓴 책의 제목이며 내 개인 카페의 이름이기도 하다. 작가는 1926년 영국 남부의 에시스 주 리어폰시에서 태어나 옥스퍼드 대학을 졸업했다. 그는 이 책으로 세계적인 명성을 얻었으며 복잡한 여자의 심리를 밀도 있게 그려냈다는 평가를 받았다.

영국 남서부 해안의 작은 마을에 한 쌍의 남녀가 나타난다. 바람과 파도가 몰아치는 방파제 끝에 서 있는 여자 주인공 '사라'와, 부유한 사업가 외동딸과 약혼을 한 남자주인공 찰스. 그는 이 고장 출신으로 고생물 학자이다. 우연히 바닷가를 산책하다가 언제부터인가 검은 망토를 입고 바다에 나타나서 먼 해안을 바라보는 여인에게 마음을 빼앗긴다.

여자는 전쟁 중에 부상을 당한 프랑스 중위에게 순결을 잃고 버림을 받았다는 소문이 이 마을에 퍼져 있었다. 여자는 남자에게 배신당한 증오심과 자신의 불행한 처지에 대해 복수하려고 계획을 세우고 있던 때였다. 고생물학자인 찰스는 약혼을 파기하면서까지 여자를 지키려 하였고, 여자는 그런 남자를 떠난다는 내용이다.

이 책은 결혼 전 20대 때 처음 만났다. 마지막 장을 덮고 거실에 나왔을 때 환하게 내려앉던 햇살에 눈을 뜨지 못한 채 한참을 앉아있던 기억이 난다.

순수했던 그 시절, 인간의 마음에 내재하여 있던 인성을, 의리를, 사랑을, 언약을, 싫증이 난 물건 버리듯 버리고 떠나는 여자에 대한 증오심 때문이었다. 남자는 명예도 미래도 다 버린 상태였다.

그 당시 왕십리에는 지하철 2호선 공사가 한창이었다. 그 근처 영화관 포스터에는, 검은 망토를 입은 비련의 주인공 '사라'의 모습이 있었다.

그랬던 오래된 그 책이, 표지가 새 책으로 바뀌어서 출판되었다. 얼마나 반가웠는지! 결혼 전 다니던 직장 도서관에서 빌려 읽은 책이었다.

이 새 책을 아들들이 크면 읽으라고 사서 두었다. 여자의 겉모습인 '보이는 것만 보지 말고 내면을 보는 눈을 기르라'라는 의미였다.


내 카페, '프랑스 중위의 여자'에는 두 아들들이 입대하면서 매일 썼던 인터넷 편지와 입대 하루 전날 친구들 만난다고 외출했다가 까까머리로 집에 와서는 내가 베고 있던 베개 한쪽 귀퉁이에 누워서 나누었던 큰아들과의 대화 내용도 있고, 음악과 그림, 그리고 영화 포스터도 있다.

그 포스트 중에 '프랑스 중위의 여자'는 검은 망토를 입고 바다에 서 있다. 애처로운 모습으로….

친구들과 몇 년 동안 1주일에 한 번씩 다녔던 산 사진도 저장되어있다. 지금보다는 젊어서 그런지 푸릇푸릇한 에너지가 느껴져 추억 속으로 걸어가는 길이 즐겁다.

입장객 순서로 본 100대 명산도 있고, 미국 제44대 대통령인 오바마의 취임사도 챙겨두었다. 그리고, 수필 전문지 '한국 산문'에서 2년 동안 편집부 일할 때 권두시를 맡았는데 그때 만났던 주옥같은 많은 시도 모셔 두었다.

시 선정 작업은 '사물을 깊이 있고 예리하게 관찰하는 눈과 섬세함'을 길러 주었다. 헤세가 가장 좋아했던 작가 아놀드 뵈클린의 작품 '죽음의 성'에 대한 평론이라든지, 구약에 나오는 많은 예언가 중에서 가장 고통받는 사람 중 한 명인 '욥'을 문학평론가 임헌영 교수님이 가장 존경한다는 사실도 저장해 두었다.

정목일 작가의 '처음 수필을 쓰는 사람들을 위해' 글에서 '수필은 멀리 있지 않다. 나의 생활 곁에, 나의 삶 곁에, 슬픔의 곁에, 눈물의 곁에, 기쁨의 곁에, 정갈한 고독의 한 가운데에 있다'라는 내용도 들어 있다.

2008년 5월 5일 중앙일보에 올라 온 『토지』의 작가 '박경리, 흙으로 돌아가다'를 쓴 손민호 기자의 글도 있고, 그동안 썼던 내 글과 수필 반에서 2년간 총무 일할 때, 1교시 세계문학 시간에 배운 내용을 수업 후기로 가끔 썼던 적도 있었는데 그것을 올려두기도 했고, 다른 수필 반의 세계문학 수업 중에서 기억하고 싶은 내용도 모셔 두었다.

비바람 부는 날은 어떤 자발적 고독을 즐겼는지, 나뭇가지에

맺혀 있는 물방울들이 내게 어떤 감흥을 일으켰는지, 먹구름 쿨 렁이는 하늘에 물기 머금은 바람은 어디로 불어댔는지, 비릿한 흙냄새가 났는지, 나는 그런 것이 중요하지 않았다.

그 자리에서 내가 보고 느꼈다는 것이 진실이듯이, 눈 맞춤했던, 내 가슴 한 곳에 남아 있던 회색빛 여운, 그것이면 족했다.

'프랑스 중위의 여자', 이 책의 주인공 '사라'는 자신의 묘한 매력인, 깊이를 알 수 없는 몽환적인 분위기에 모두가 빠져든다는 사실을 내세워 마음껏 상대를 흔들어 놓고 홀연히 사라지는, 그토록 사랑 앞에서는 잔인해지는 이유는 무엇일까를 고민하게 한다.

한 남자의 파멸을 지켜보면서 그의 사랑을 받아들이지 못하는 것은, 아마도 비련의 여주인공처럼 고독한 방황을 즐기는 것은 아니었을까? 그 즐기는 이가 '내가' 아니라는 사실에 '나'는 안도한다.

# 밤

   구월이 되면 나는 밤과 연애를 한다. 아침이 되면 밤새 그리워한 사연을 읊어주러 산에 오르면 다정한 산은 조용조용 내 말에 귀를 기울인다. 바람이 몹시 불어 가지마다 흔들려서 정신이 사납지는 않았는지, 사람들이 몽둥이 들고 밤을 따기 위해 설쳐대는 통에 놀라지는 않았는지.

   모자와 장갑과 집게를 챙기고 팔토시를 한 뒤에 집을 나선다. 산으로 가는 아파트 쪽문이 있는 나무계단 옆에는 나이를 잊은 밤나무가 줄지어 서 있다. 여기서부터 시작이다. 낮은 산은 밤나무와 도토리나무 천지다.
   어떤 날은 모자를 깜박하고 두고 오면 머리에 온통 거미줄과 나뭇가지를 뒤집어쓴다. 또 어떤 날은 껌을 질겅질겅 하고 씹다가, 푸우 하고 풍선을 불면 풍선이 거미줄에 달라붙어 풍선도 거미줄도 함께 날아가기도 한다.
   그래도 아랑곳하지 않는다. 툭툭 털고, 거미줄 걷어내고 다시 시작한다. 무엇보다 몰입할 수 있어 좋다. 다른 생각이 끼어들 여지가 없다. 휴대전화기도 집에 두고 간다. 밤을 줍다가 전화가 걸려 오면 통화를 하고 호주머니에 넣고 하기가 성가시다. 오롯이 한 길, 애틋한 짝사랑, 벅차오르는 기쁨이다.

몇 년 전, 살고 있던 아파트가 재건축하게 되어 둔촌동에서 잠시 살았다. 일자산이 근처에 있어 주말에 산책 삼아 나갔다가, 오가는 사람들의 비닐봉지에 담긴 밤을 보고는 나도 그 대열에 합류했다.

내가 밤나무마다 서성이는 것을 어느 남자가 보았는지 옆에 와서, 근처에 밤이 많은 곳이 있다고 얘기해 줬다. 나는 그냥 여기서 줍겠다고 가시던 길 가라고 했더니, 한 바퀴를 다 돌고 올 동안 그 자리에서 기다렸는지, 저기에 있는 밤나무를 가리켰다.

그 손을 따라가니 큰 밤나무가 금방이라도 왕방울만 한 밤송이를 쏟아 낼 것만 같았다. 나도 모르게 혹해서 그 남자 뒤를 따라갔다. 그곳은 사람들이 많이 다니는 큰길 옆이기는 한데, 웅성웅성 인기척은 있어도 사람 모습은 보이지 않았다.

무서워서 대여섯 개만 줍고 먼저 간다는 말만 남기고 미련 없이 나와 버렸다. 그리고는 여기저기 기웃거리면서 제법 손수건에 묶을 정도로 주웠다. 산책한다고 나갔던 길이라 반 팔 티셔츠를 입은 굵은 두 팔뚝은 모기의 차지가 되었다. 그날 밤, 잠자리에 누우니 두고 온 밤이 아른거려 잠이 오지 않았다.

다음날부터 본격적인 밤 사냥에 들어갔다. 여장은 단단히 꾸렸다. 갈증 나면 먹으려고 물이랑 사과를 조금 넣어가지만, 밤나무 앞에 서면 분초를 다퉈서 주워야 하니 그것 먹는 시간도 아까웠다.

이삼일 다니니 어느 밤나무의 밤이 굵은지 알 수 있었다. 그날도 내가 정해놓은 길을 따라서 가다가 큰 밤나무 근처에서 서성이는데 어느 남자가 노래를 부르며 가까이 오는 소리가 들렸다. 얼른 몸을 나무 뒤로 숨기고 지나가기를 기다리는데 밤나무 곁으로 오는 게 아닌가. 내가 벌떡 일어나서 길가로 나오니 그가 말했다.

"아이고 놀래라. 지금도 무장 공비가 산에서 내려오나 생각했다"

이 나무가 밤이 굵어서 지나가는 길이면 꼭 들른다는 소리를 혼자 하고 있었다.

나는 그러거나 말거나 하면서 산길을 내려오다가 그 남자가 놀라긴 놀랐나보다는 생각하면서 혼자 키득거렸다. 그 일로 이 삼일 산에 못 가니 몸살이 날 지경이었다.

예전에 살던 동네 친구에게 연락해서 같이 산을 향해 걸으니 그렇게 평화로울 수가 없었다. 그날은 많이 웃고 떠들었다. 어느 날은 학교에서 일찍 돌아온 작은 아들을 불러서 같이 갔는데 이삼 분마다 한 번씩 모기가 덤빈다고 집에 가자고 조르는 통에 아쉬워서 입이 퉁퉁 부어서 내려왔다.

또 어떤 날은 혼자서 밤을 줍고 있는데 눈앞에서 스윽 하고 뱀이 길게 지나가고 있었다. 오금이 저린다는 게 그런 것일까? 무서워서 두 주먹을 꼭 쥐고는 오지도 가지도 못하고 잠시 서 있다가 앞도 뒤도 안 보고 내려와 버렸다. 그 일로 해서 그 해 밤농사는 무릎을 꺾어버렸다. 산에 약수터가 여러 군데 있는 것으로 봐서 산이 습하겠다는 생각은 했었다.

재건축이 끝나 입주를 하고 6월을 맞았을 때 거실 앞의 산은 밤꽃으로 눈부셨다. 해 질 녘이나 달 밝은 밤이 되면 하얀 밤꽃은 어둠 속에서도 아릿한 아름다움을 선사했다. 그리고 추석 무렵이 되니 토실한 알밤으로 또 나를 행복하게 한다.

언젠가는 산에서 만난 아주머니가 명일동 가는 길을 물었다. 눈은 나를 보지 않고 밤나무에 가 있다. 상일동 산에서 명일동이라니. 저기 왼쪽 길로 가시라고 하니 길과는 반대로 밤나무를 향해 걸어가고 있었다.
나는 그 마음을 안다는 듯이 웃음이 나왔다. 그 아주머니도 예전의 나처럼 산책 나왔다가 밤나무까지 오게 된 듯 두 팔이 모기 물린 자국으로 벌겋다.
주워온 밤을 찜 솥에 넣고 쪄서 먹는 그 맛은 무엇에 비할까. 달콤하거나 새콤해서 빨리 익숙해지고 식상해지지 않는 슴슴한 그 맛. 기억도 아득한 사랑의 여운이 그러할까.

언젠가는 남편과 차를 타고 조금 멀리까지 갔다가 그만 허리에 병이 나버렸다. 얼마나 많이 주웠는지 큰 비닐봉지 두 개에 담고도 남았다.
근 보름 동안 아침저녁으로 집 근처 산으로 다녔으니 병이 날 만했다. 그 일로 인근에 사는 지인이 '기역' 자로 꺾어 있는 허리 밑 엉덩이 꼬리뼈 근처에 수지침 70번을 놓아주고 갔다. 남편은 부아를 토해냈다.
"으이그 저 밤나무를 다 베어버리든가 해야지."
그 뒷날은 비가 내렸다. 창밖을 보며 하염없이 비를 맞고 서 있는 밤나무를 보며 너에게 가지 못하는 나의 설움을 네가 알겠거니 하면서 어루만지고 섰노라니 애가 탔다.

다음 날, 비가 그치고 허리에 복대를 한 나는 산으로 가는 쪽문을 지나 나무계단을 건너고 있었다.

# 은행 드세요

겨울에 태어난 남편은 찬 바람 부는 늦가을이 되면 그때부터 기침하기 시작해서 이듬해 이월이나 삼월이 되어야 멈출 정도로 기관지가 좋지 않았다.

심할 때는 누워서 잠자기가 불편할 정도여서 앉아서 졸다가 출근하기도 하고, 통화를 하다가도 갑자기 터지는 기침 소리에 상대방이 깜짝 놀랐을 거라는 생각이 옆에서 들 정도로 기침이 잦았다.

그러니 겨울만 되면 나는 긴장이 돼서 기관지에 좋다는 인삼을 벌꿀에 재워서 먹이거나, 대추와 도라지 물을 끓여서 먹이기도 했다.

그러던 사람이 나이를 먹으니 건강이 좋아졌는지 몇 년 전부터는 심한 가래 끓는 기침이 한 해를 거르며 지나갔다. 그러다가 요즘은 내가 감기에 걸리면 기침이 떨어지지 않아 옆에 있는 사람들에게 걱정을 끼쳤다.

10월부터 시작된 내 감기가 낫지 않고 한 달 넘게 쿨럭이는 것을 보고는 지인이 '은행'을 먹으라고 권했다. 은행은 내가 사는 집 주위에도 많아서, 예전에는 가끔 주웠다가 손질하기 귀찮아서 버렸는데, 날씨가 추우니 병원 가기는 성가시고, 콧물과 열

나는 것은 나았는데 기침과 가래가 가라앉지 않아, 2년 전에 사서 먹다가 냉동실에 넣어 둔 은행을 꺼내어 구워 먹었다.

  그렁그렁하던 가래가 조금 삭는 것을 느낄 수 있었다. 그때부터 내 눈길은, 거실에서 보이는 산길 옆, 듬성듬성 서 있는 은행나무에 가 있었다. 마침 노랗게 물들어가는 은행잎이 마지막 기염을 토하는 듯했다.

  면장갑과 투명한 비닐장갑을 챙겨서 은행나무 아래에 섰다. 때는 11월 중순이었다. 마침 나무에서 떨어진 은행의 단단했던 몸피가 삭아서 물렁물렁해진 상태였다. 그것을 손으로 문지르니 쉽게 쑥 빠져나왔다.

  쑥 나오는 그 재미에 큼큼한 냄새 맡는 것은 일도 아니었다. 노란 은행잎 위에 지천으로 떨어진 은행을 줍는 재미는 특별한 놀이였다.

  우선 한 움큼만 주워 집으로 와 주르르 흐르는 물에 씻어서 후라이팬에 올리고 뚜껑을 덮었다. 톡톡 튀기 전에 몇 번 저어주니, 맛있게 익어 가는지 큼큼한 특유의 향이 퍼지고 있었다.

  익은 것을 싱크대 위에 부어놓고 마늘 찧는 방망이로 두드리니 은행도 둥글고 방망이도 같은 모양이라 서로 밀어내기가 바쁜지 여기저기 튕기며 흩어졌다.

  역시나 안 맞는 연분. 이번에는 머그잔을 바로 세워서 쿵 하고 누르니 살짝 금이 가면서 마음을 열었다. 구워진 은행을 까서 먹으니 연초록에 탱탱하고 쫀득쫀득한 식감이 나를 행복하게 했다.

  퇴근하고 집에 온 가족들에게, 낮에 이 몸이 얼마나 가치 있는 일을 했는지 입에 침을 튀겨가며 늘어놓았다. 특히 겨울에 태어난 두 남자, 남편과 작은아들을 위해 내가 이렇게 살신성인의 자세로 그대들을 위해 이 한 몸 바쳤노라고 하면서 방금 까놓은 은행을 반 주먹씩 입에 넣어 주었다.

그리고는 인근에 사는 동생에게 내 목소리가 전화선을 타고 오늘 하루의 무용담을 이야기하니 동생은 내일 날이 밝는 대로 은행 줍는 일에 가세한단다.

동생은 황금빛으로 내려앉은 은행잎에 한 번, 두 번째는 은행잎 위에 얌전히 앉은 많은 은행량에 또 한 번, 세 번째는 은행잎을 들출 때마다 켜켜이 웅크리고 앉은, 안아주고 싶을 만큼 예쁜 은행에 또 한 번, 총 세 번을 반했다고 하면서 나보다 더 동화되어 갔다.

심지어 은행을 주워 담는 것이 '은행銀行'에 있는 돈을 주워 담는 기분이라고 하니, 뭐, 그럴 수 있겠다 싶었다. 동생은 '돈' 예찬론자이니깐.

그렇게 며칠을 동생과 근처에 있는 잘 익은 산수유를 따거나 은행을 줍거나 하다가 주말에는 남편까지 투입했다. 은행잎, 그 샛노란 빛깔을 지금 놓치면 또 일 년을 기다려야 되니 가서 한 번만 보고 오자고 슬슬 구슬리며 말했다.

"오빠, 은행은 안 주우셔도 돼요. 기분 좋은 노란 잎을 살짝 밟고 지나가시기만 해도 이 가을을 다 가진 것처럼 행복할걸요."

하고 읊어대니 평소에는 입 언저리에도 얹어보지 못한 말을 낯간지러운지도 모르고 해대는 나를 보고 남편은, '저 여편네가 미쳤나', 하는 뜨악한 표정으로 보고 있었다.
 그러거나 말거나 나는 남편이 안 오고는 못 배길 것을 아니깐 두 사람분의 장갑과 비닐을 챙겨서 총총히 엘리베이터를 타고 사라져 버렸다.

 혼자서 10분 정도 주웠나 보다.
 "와, 많긴 많네."
 하는 소리에 돌아보니 남편이 옆에 와 서 있었다. 집에서 보자니 몇 그루 서 있는 은행나무 아래에, 모자 눌러 쓰고 정신없이 바둥거리며 다니는 여편네가 늦가을의 서정과 잘 어울렸는지, 아니면 가을은 남자의 계절이라더니, 저 대책 없이 무감각한 남자의 고독한 가슴에 노루 꼬리보다 짧은 가을 해가 넘어가느라고 모닥모닥 모닥불을 피워대는 통에 밖으로 나왔는지 알 수가 없지만, 남편도 금세 스며들고 있었다.

 우선 큰 봉지로 두 개 가득 주워서 밑동이 큰 소나무 밑, 볕 잘 드는 곳에 앉아서 뭉글뭉글해진 은행을 까면서 기관지가 안 좋은 시부모님과 친정엄마와 건강관리를 잘해야 하는 동생한테 보내야겠다고 이야기하자니, 어느 나뭇가지에서 새가 목청을 돋우고, 바람은 잊을 만하면 지나가고, 자잘한 풀들이 시름시름 시들고, 곁에 멋없이 키가 큰 모과나무는 언제 한 귀퉁이가 섞은 모과를 떨어뜨렸는지, 구름 한 점 없이 맑고 맑은 하늘 아래 노랗게 잘 익은 모과까지 뒹굴고 있는 스산한 늦가을의 햇살은, 서른 새해를 함께 사는 부부의 이마 위에도 부드럽게 내려앉아 있었다.

  산에서 손질해 온 은행을 10번 정도 씻어서 건져 물기가 잘 빠지는 듬성듬성한 소쿠리에 받혀 햇볕에 말리니, 우리가 작업해 온 은행이 양반집 도련님 마냥 뽀얗고, 반듯하고 잘나서, 가을만 되면 무릎도 시리고 가슴도 시린 내 절절한 고독을 주워 온 무게만큼 채워주었다.

  나는 무엇을 먹으면 꼭 효능을 검색해 보는 습관이 있다. 그것은 일종의 플라시보 효과라고나 할까, 플라시보 효과란 의사가 효과 없는 가짜 약, 혹은 꾸며낸 치료법을 환자에게 제안했는데 환자의 긍정적인 믿음으로 인해 병세가 호전되는 현상이다.

  은행은 진해 제거는 물론 남자들 전립선에도 좋고, 신장과 방광이 좋지 않은 사람에게도 효험이 있다니, 다른 곳에 비해 신장과 방광이 부실한 내가 꼭 먹어야 하는 보약이다.

  전철을 타고 간다든지, 누군가 옆에서 가래 기침하거나, 감기가 오래되어 목이 쉬어 있으면 불쑥불쑥 '은행 드세요', 라는 말이 입안을 굴러다닌다.

미루나무는 그때도 예뻤을까

제 3 부

**바람이
전하는 말**

# 공룡능선

 산은 언제나 내 그리움의 대상이다. 가르마 같은 호젓한 산길이 그렇고, 바람 소리가 그렇고, 계곡의 청량한 물소리, 상냥한 새소리와 순진무구한 들꽃이 피고 지는 곳이라 그런가 싶다. 그중에서도 바위산이 있는 설악산이 그랬다. 산을 좋아하는 사람이라면 한번은 설악산에 있는 바위산, 공룡능선에 도전하고 싶을 것이다. 내가 그랬으니깐.

 설악산 신선봉에서 마등령까지 이어지는 능선인 공룡능선. 내설악과 외설악을 가르는 설악의 중심이다. 그곳에 서면 가야동계곡과 용아장성을 볼 수 있을 뿐만 아니라, 외설악의 천불동계곡과 동해까지 한눈에 들어온다.
 생긴 모습이 공룡이 용솟음치는 것처럼 힘차게 보인다고 하여 붙여졌다. 국립공원 100경 중 제1경일 정도로 아름답고 웅장하며 신비롭고 경이롭다.

 거기에 가고 싶은데 산행 실력이 되지 않으니 막연히 꿈만 꾸고 있다가 어느 수필잡지에서 〈공룡능선과 두 여인〉을 읽고는 또 설레기 시작했다. 혼자서 그곳에 도전했다가 힘들어서 포기하고 소청대피소에서 1박하면서 만난 두 여인의 설득에 다시 산행을 마무리했다는 내용이다.

굽이굽이 끝없는 능선 길을 오르고 내리면서 공룡능선의 위용에 관해 썼다. 우리네 인생을 닮았다고 했던가. 이 글을 읽을 당시에 내 체력은 집에서 가까운 아차산과 하남시에 있는 검단산을 가족들과 오르내릴 정도였다.

막연히 꿈만 꾸다가 남편이 먼저 회사 산악부에서 다녀왔다. 다리가 터져 나갈 것 같다면서 1주일을 절뚝거리고 다녔다. 나 보고는 꿈도 꾸지 말라고 했다. 그래도 자꾸만 미련이 남았다.

사진에서 보는 울산바위나 공룡능선을 보면 오랫동안 눈앞에서 아른거렸다. 워낙에 바위산에 대한 동경이 있어서 더 그랬던 것 같았다. 그 당시 중학교 때 배운 유치환의 '바위'도 한몫했다.

내 죽으면 한 개 바위가 되겠다는 내용이다. 애정에 물들지 않고 희비에 움직이지 않는…. 바위는 내가 되어 목표를 향해 꿋꿋하게 매진하겠다는 자신과의 약속이다.

몇 번을 남편한테 정말 나는 못 갈 것 같으냐고 물으면 더 이상 그 얘기는 꺼내지도 못하게 하더니, 시간이 지나니 그 고통도 아물었는지, 아니면 마음이 약해졌는지, 그 정도 산행이면 갈 수 있겠지, 했다. 동네 뒷산도 다녀 본 적 없는 외사촌 여동생을 데리고 지인이 총무로 있는 산악회 버스에 남편과 덜컥 몸을 실어 버렸다.

백담사에서 산행은 시작되었다. 설악의 경취에 취해서 남편은 새로 장만한 비디오카메라를 여기저기 들이대기 바쁘고, 우리는 오랜만에 만난 즐거움을 가감 없이 드러냈다.

걷다가 뛰다가 소박한 영시암을 지나고 해 질 무렵 봉정암에 도착했다. 절에서 주는 미역국을 곁들여 밥을 먹고 소청대피소에서 방이 비좁아 옆으로 칼잠을 자려는데 동생이, 배낭이 무겁다며 거기에 들어있던 과일과 빵을 낯선 사람들에게 나눠주었다. 내일 뭘 먹을 거냐고 말리며 싶었지만 차마 그러질 못했다.

남편 가방에 조금 남아 있는 것을 생각했기 때문이다. 내 배낭엔 추우면 입으려고 세 사람의 두꺼운 옷이랑 작은 병에 반병 정도 남은 생수가 고작이었고, 남편은 비디오카메라랑 물 과일이 조금 있었다.

잠자리가 불편해서 1시간 정도밖에 눈을 붙이지 못하고 화장실 간다고 랜턴을 들고 밖에 나오니 사람들이 비닐을 온몸에 감고 앉아서 자고 있었다.

랜턴을 모자 위에 끼고 공룡능선을 향해 걷는데 깜깜한 밤에 길게 한 줄로 이어지는 불빛들이 장관이었다.

이 광경은 여기에 선 사람만이 볼 수 있으니 더 애틋했다. 날이 밝아 처음으로 맞닥뜨리는 바위 능선 구간에는 줄 서서 기다리는 사람들로 북새통을 이뤘다. 밑에는 절벽이라 줄에 몸을 의지해서 조심조심 나아가야 한다.

스틱을 거추장스러워하는 것을 본 남편은, 본인이 잠시 맡아 있겠다고 먼저 오르라고 했다. 그 길로 남편과 스틱은 산행 끝날 때까지 만나지 못했다.

전날 버스에서 산행 대장이 신신당부했다.

"지금은 단풍철이라서 봉정암 신도이거나 설악산을 지나가는 등산객들이 하루에 3천 명을 넘는다, 빨리 이동해야 한다."

위험 구간, 좁은 길에 혼자서 기다리는 것도 어색해서 서둘러 나갔더니 9시간을 혼자가 되었다.

내 배낭에 있는 물은 이미 바닥이 나서 남편을 기다릴까도 생각해봤지만 그렇게 하지 못했다.

분명히 이렇게 힘들고 지루한 산행인 줄 알았으면 끝까지 안 된다고 했어야지, 산행 초보인 우리를 여기까지 데리고 왔다고 내가 싫은 소리 할 것이 뻔했기 때문이다.

혼자 걷자니 목이 바짝바짝 탔다. 더군다나 외사촌 여동생은 남편 옆에서 얼마나 징징댈까 싶으니 더 연락할 수가 없었다. 직벽 구간에서는 아는 사람 하나 없이 바들바들 떨면서 오르내렸다.

경치도 눈에 들어오지 않았다. 속이 부글거려도 그냥 나를 의지해서 걸었다. 되돌아갈 수도 없는 노릇이었다. 돌다리도 두들겨 보고 걷는다고 하는데, 평소에도 덜렁대며 꼼꼼하지 않은 내 성격을 탓했지만, 소용이 없었다.

오르막이 계속되는 구간에서는 무겁게 딛는 한발 한발에 '그동안 내게 상처받았거나 서운한 일이 있어서 나는 멀리한 사람들이 있으면 용서해 달라고 빌었다'.

마등령 가기 전 너덜 바위는 지금 생각해도 징글징글하다. 작은 돌들이 아닌 큰 돌이 깔려 있어 중심 잡기도 어려웠다. 다리가 후들거리니 어떤 곳은 엉덩이로 기다시피 했다.

한참을 터덜거리며 걷다가 목이 말라 어디 철퍼덕 퍼질러 앉아 가방을 뒤집어 털어도 사탕 하나, 껌 하나 보이지 않았다. 산행 준비할 때 남편 얘기로는 곳곳에 샘물이 있어서 굳이 물 많이 가져갈 필요가 없다고 하더니, 여름에 다녀온 그의 말만 믿고는 이런 낭패를 겪고 있었다.

옆에서 무리를 지어 온 등산객들이 배를 깎고 있었다. 껍질이라도 씹으면 갈증이 조금은 가실 것 같아서 얘기해 볼까 하다가도 차마 용기가 나지 않았다. 입도 바짝바짝 탔지만, 날씨도 활활 타오르는 가을 산이었다.

몇 시간을 누구와 이야기도 하지 못한 채 걷다 보니 이러다 살아서 집에는 갈 수 있을까 싶으니 두고 온 아들들 생각에 눈물이 났다.

마등령 어느 골짜기 근처에서 옹달샘을 만나긴 했는데, 워낙 많은 사람이 줄을 서 있어서 손으로 두 번 정도 받아 마시는 게 고작이었다.

산에서 물 한 모금은 생명과도 같다는 말이 실감이 났다. 울며 불며 걷다 보니 천불동의 기막힌 경관도 눈 흘기며 지나치고, 산악회 인원들과 만나기로 한 장소까지 왔다. 총무를 맡은 지인이 보였다. 스틱도 없이 혼자서 9시간을 걸어왔다는 이야기를 듣고는 측은했는지 팥빵을 손에 쥐여 주었다.

남편과 여동생은 4시간 후 산악회 회원들 저녁 식사하는 장소인 속초 횟집에서 만났다. 여동생은 속초 119대원 등에 업혀서 산을 내려왔다고 했다.

  남편은 스틱 6개와 배낭 두 개, 그리고 여동생을 옆구리에 끼고 9시간 이상을 걸었으니 몰골이 말이 아니었다. 외사촌 여동생이 말했다.

  "형부, 언니는 혼자서 어떻게 해?"

  "언니는 씩씩하니 걱정하지 마라."

  남편이 여동생 말에 이렇게 했다나 어쨌다나.

  늦은 밤, 집에 도착한 남편은 나에게 눈을 부라리며 말했다.

  "다시는 산에 가자는 말 하기만 해 봐라."

  나는 지지 않고 으르렁거렸다.

  "다시는 자기랑 산에 가면 내가 자기 마누라가 아니다."

  다음날, 자고 일어나니 두고 온 산이 아까워서 눈물이 났다. 얼마나 가고 싶어서 애를 끓였는데. 외사촌 여동생은 직장에서 회의할 때 급하지 않은 서류는 일주일 후로 다 미뤘다고 했다.

  두 다리는 뻗어서 의자 위에 두고서. 우리 비디오카메라는 남편이 경치 찍는다고 이리 뛰고 저리 뛰고 하면서 일행들과 합류할 때 배낭 지퍼를 잘못 잠갔는지 굴러떨어져 그날로 제 기능을 잃어버렸다.

  산행할 때, 여동생은 목이 마른 지 옆에 앉은 사람의 배 먹는 모습을 보고는, 그것 하나만 먹고 싶다고 하더란다. 남편이 두 개를 얻어 와서 먹으라고 줬다는 얘기를 훗날 했다.

그리고나서 남편은 회사 지인들과 몇 번을 더 다녀왔고, 나는 산 친구들과 그로부터 몇 년 후에 갔다 왔다.

친구 회사 숙소가 있는 속초에서 1박하고, 새벽 4시에 주먹밥 만들어서 설악산 입구 소공원에서 출발했다.

비선대, 천불동계곡, 희운각, 신선봉, 공룡능선, 마등령, 비선대로 이어지는 13시간 코스였다. 공룡능선 구간인 1,275봉에서 바라보는 경치는 압권이었다. 여기에 서고 싶어서 몇 년간을 얼마나 애를 태웠는지, 함께 한 친구들이 있어서 오랫동안 멀리 걸을 수 있었다.

내려오면서 노을에 물드는 울산바위 모습에 매료되어 한참을 서 있었다. 언제 또 이 아름다운 공룡능선에 서게 될지, 설 수나 있을지 싶으니 목이 메었다. 역시, 산중의 산, 설악이었다.

2017년, 작년이었다. 창원에서 학교 친구 아들의 결혼식이 있었다. 그 전에 남편은 지인들과 공룡능선을 가기로 미리 약속했나 보았다.

내가 갑자기 몸이 좋지 않아 병원에서 하루 있다가 나와서 그런지 결혼식장을 같이 가기로 마음을 돌리려고 했다. 그때 나는 주저 없이 공룡능선을 택하라고 배낭을 싸 주었다.

필요한 영양제와 음료수도 준비해 주면서, 이제 더 나이 들면 체력이 안 돼서 못 가기도 하지만, 그동안 열심히 살아 온 본인한테 주는 선물이라고 생각하고 갔다 오라고 했다. 그 능선의 아름다움을 알기에.

이름만 들어도 그립고 설레는 공룡능선, 그 모습은 언제나 내게 푸르고 싱싱하며 장쾌하고 눈부시게 살아있을 것이다.

# 그는 어디에 있을까?

해마다 장마철이 되면 묻는다. 그는 어디에 있는가? 북한산 계곡에서 심한 폭우에 휩쓸려 형체도 없이 사라질 뻔했던 나를 구하고 사라진 그, 그는 어디에 있는가?

음력 초하루, 절에 행사가 있어서 기도하러 가기로 한 선생님과의 약속 때문에 할 수 없이 집을 나섰던 게 이런 사태를 몰고 왔다.

선생님은 교직에서 정년이 돼 퇴임하신 분이라 마침 고3인 작은아들의 입시 문제로 많은 자문을 구하고 있어서 약속을 어길 수가 없었다. 출발하기 전부터 하늘이 심상찮아서 선생님께 전화하니 그곳, 인천은 날씨가 좋다는 대답이었다.

승가사에서 기도를 끝내고 나면 언제나 그랬듯이 혼자서 북한산을 한 바퀴 돌고 내려간다. 그날도 청수동암문을 오르는데 가랑비가 내렸다. 청수동암문을 지나 문수봉 가는 길에 만나게 되는 성벽 위의 소나무 외길이 짙은 안개를 만나니 더욱 신비로웠다.

바람 따라 흐르는 먹구름에 설레는 것도 잠시, 인기척이라고는 느껴지지 않아 조금씩 두려워지는 나에게 용기를 준다. 산에서 혼자가 되어 봐야 한다고, 사람은 언제나 혼자이지 않으냐고, 신산한 우리의 삶을, 산은 고통을 견디는 법을 일깨워 준다고.

　불안함과 설렘을 안고 문수봉 계단을 올라가는데 어떤 여자 등산객이 앞으로 꼬꾸라질 듯 뛰어서 돌계단을 내려간다. 난 오히려 그 사람의 무릎 걱정한다. 저러면 연골에 치명적인데 하면서 말이다.
　드디어 문수봉이다. 앞에는 위엄있게 솟은 보현봉 봉우리가 안갯속에 아련해서 친구에게 휴대전화기로 사진을 찍어 보내고, 바람이 심하게 불어서 스틱을 안전한 곳에 두고 물을 들고 앉는다.
　두 아들 중, 고등학교 6년 동안 여름휴가 못 가본 것을 보상이라도 받으려는 듯이 모처럼의 수묵화를 감상하려 하지만 아무도 없는 산이 점점 더 불안해지기 시작한다.

　문수봉 정상에서 내려와 문수사 법당에 들렀다가 나오니 하늘은 먹구름이다. 등산화 끈을 묶으려고 엎드리는데 등 위로 후드득 빗방울이 떨어진다.
　굵다. 서둘러야 한다. 비옷을 입고 스틱을 힘 있게 쥔다. 오후 4시라고는 믿어지지 않을 만큼 깜깜하다. 구기 매표소까지 2.4km라는 안내판이 두렵다.
　오랜만에 우중 산행의 묘미를 느끼나 했는데, 진퇴양난이란 이런 거였구나. 문수사에서 지름길을 택해 10여 분 정도 가는데 길은 벌써 크고 작은 돌들이 빗물에 굴러간다.

그 물이 차오르는 속도만큼 마음이 급해서 나는 어느새 뛰고 있었다. 좁은 길은 물이 들어차서 발목까지 올라왔고, 나는 세찬 빗물에 눈을 제대로 뜰 수가 없다. 하늘은 깜깜하고, 계곡 물소리는 점점 거칠다. 등산화에 물이 들어가서 철벅거리는 길을 20분 정도 걸었나, 어디서부터 저벅저벅 힘 있지만 다급한 발소리가 들린다.

순간, 반가움도 잠시, 두렵다. 뒤를 돌아본다는 게. 혹시나 눈이 마주쳤을 때 무섭게 생긴 험상궂은 남자라면…. 내려갈 동안 불안할 그 상황이 끔찍하다. 몸은 덜덜 떨고 있었다.

점점 불어 난 물에 다가오는 젖은 발걸음 소리. 그래 이 상황에서 저 사람도 나쁜 마음을 먹을 수는 없겠지. 우선 살고 봐야 하니깐. 하면서 나를 위로한다. 뛰다시피 걷다가 불안해서 그런지 내려가는 길이 더 멀게만 느껴진다.

그러다가 물살에 길이 끊어진 곳에 섰다. 눈앞은 커다란 바위도 집어삼킬 듯이 콸콸 계곡으로 쏟아지는 흙탕물이다. 어떻게 나아갈 수도 돌아갈 수도 없다. 시간당 90mL라는 경이적인 기록이라 그랬는지, 짧은 시간에 사방에서 불어 난 물은 길인지 계곡인지 분간이 어렵다.

뒤를 돌아봤다. 무서운 생각보다는 그래도 누군가 곁에 있다는 게 다행이다 싶었다. 그때 본 저 앳된 얼굴. 군대 가 있는 큰아들 나이쯤 되었나, 동글동글한 얼굴에 눈매가 선하다. 불안을 거둘 겨를도 없이 우린 끊어진 길을 건너야 한다.

비는 점점 더 쏟아지고, 계곡의 물은 작은 댐을 연 것 같은 기세다. 총각이 그랬다. 어둡기 전에 빨리 내려가야 된다고. 두툼한 그의 손을 잡고 가까스로 몇 개의 다리를 건넜는지 모르겠다.

그러다가 어디쯤 가니 길이 물살에 쓸려서 없어지고, 거친 물은 우렁찬 소리로 울부짖는다. 총각이 내민 손을 더 힘주어 움켜진다. 그렇지 않으면 난 세찬 물살에 쓸려 저 아래 계곡으로 곤두박질쳐서 쓸려 갈 것이 뻔하기 때문이다.

허벅지까지 빠지면서 걷던 물길이 구기 매표소 50여 미터 남겨두고 발이 묶여버렸다. 산에서 쏟아져 내린 물이 한꺼번에 산 밑 계곡에서 합쳐졌다.

좁은 길옆, 계곡 옆엔 큰 바위가 길의 반을 막고 있다. 내려가려면 좁은 바위틈으로 지나가야 하는데 산에서 내려온 흙탕물이, 길인지 계곡인지 분간 없이 그곳을 지나간다. 난감해서 보고 있자니 우리가 서 있던 매표소를 얼마 남겨놓지 않은 곳에, 산 위에서 비옷을 입은 여자 두 분이 내려온다. 동병상련이 이런 것인가.

우린 어떻게 살아서 여기까지 왔는지 서로 알고 있는지라 서로 부둥켜안았다. 두 여자도 30분 전에 이 자리에서 처음 만났단다. 더 이상 갈 수가 없어서 산 위에 서서 비 그치기를 기다린 모양이다.

총각은 어서 내려가야 된다면서 자기 손을 잡으란다. 내가 먼저 총각의 손을 잡았다. 연약한 여자의 손보다는 아무래도 힘센 남자 쪽이 살아남을 것 같았다. 길에 내려서니 물살에 그냥 미끄러지듯이 빨려 들어가서 도저히 서 있을 수가 없어 총각의 배낭을 잡고 앉으려는데 여자 중에서 몸이 마른 이는 내려오지 않고 그냥 산으로 올라갔다.

나는 이유도 모른 채 총각 배낭을 잡으려다 놓치고, 손을 잡으려다 놓치기를 두어 번. 이젠 아예 무릎을 꿇고 앉아서 그의 허벅지를 잡아서 깍지를 꼈다. 서 있다가는 물살에 빨려 위험 구간이라고 표시해 두었던 줄이 있는 계곡까지 어렵지 않게 밀려갈 것 같았다.

무릎을 꿇었는데도 다리는 뒤로 가고 상체는 꼬꾸라져 코와 입에 물이 쉴 새 없이 들어갔다. 먼저 올라간 여자가 다 올라오라고 소리소리 지르니 총각이 다시 내 몸을 일으키며 산으로 가자고 고함친다.

비 오는 산이라 오르기도 쉽지 않아 가시나무를 잡다가 나무뿌리를 잡다가 하면서 오르는데 손은 온통 피가 번진다. 신경 쓸 겨를이 없이 겨우 올라섰다. 총각은 한 번 더 산으로 가 본다고 철벅거리면서 들어갔다.

혹시 돌아서 내려갈 길이 있나 싶어서 그런 것 같다. 한숨을 돌리고 섰는데 먼저 올랐던 여자가 말한다. 자기는 몸이 말라 내려가면 금세 죽을 것 같아서 그냥 올라왔다고. 아니나 다를까, 내 배낭 커버랑 그 옆에 끼워 둔 우산도 보이지 않는다. 무릎 꿇고 총각의 허벅지를 잡고 생사를 넘나들 때 잃어버렸나 보았다.

잠시 후 총각이 오더니 길은 없다면서 관리사무실에 전화했다. 연결이 되지 않았는지 119를 부른다. 그제야 나도 남편한테 전화했다. 그렇게 20여 분 서 있었나, 어느새 비는 그치고, 119가 도착하면서 우리에게 잡고 내려갈 수 있게 나무에 줄을 묶어 준다. 물살은 많이 약해지고 우리가 서 있는 곳에서 조금 더 가면 구기동 매표소까지 내려가는 돌계단이 보인다.

 경사가 급한 그 길을 지나야 하니 그리 물살이 셌나 보았다. 위험 구간이라고 계곡에 묶어 놓은 줄도 이런 폭우에는 무용지물인 것을 처음 알았다.

 죽을 고비를 넘기고 남편한테 어디쯤 왔나 싶어 전화하고 섰는데 총각이 인사를 꾸벅하고 앞을 지나간다.
 난 하던 전화를 마저 하고 그를 찾았지만 금세 어디로 갔는지 보이지 않는다. 할 수 없이 관리사무실에 들어가 전화번호를 물으니 알 수가 없다는 대답이다. 꼭 찾고 싶다고 사정사정해도 불가능했다.
 단념하고 119구급차 몇 대가 서 있고, 많은 대원이 보이는 곳을 빠져나와 큰길 옆에서 남편한테 전화하니 아직도 그 자리라는 대답이다. 난데없는 물 폭탄에 신호등도 고장 났는지 많은 차들이 비상등을 켜고 그대로 서 있다는 기막힌 대답이다. 어디 상점에도 들어갈 수도 없다. 머리끝에서 발끝까지 나뭇잎 찌꺼기 천지다.

 총각에게 변변한 인사도 못 한 채 일곱 번째 여름을 맞았다. 태풍 상륙은 2007년 나리 이후로 처음 있는 일로 이 태풍으로 삼천사계곡에서 야영하던 야영객 한 명이 실종되고 계곡에 세워 놓은 택시가 급류에 떠내려갔다고 한다. 서울과 경기에서 이재민 299명이 발생하고 주택 132동이 침수됐다.

  서울시가 태풍으로 인명피해가 난 것은 1990년 이후로 처음 있었다고 하니 나도 그 총각이 아니었으면 인명피해자 명단에 이름이 올라갔을지도 모를 일이다.

# 내 친구 별이

별이를 만나러 가는 날이다. 나랑 잘 맞을까?, 처음에는 맞는 듯해도 지내다 보면 성깔이 튀어나와 난감해지면? 나는 약간 소심하기는 하지만 뒤끝이 없는 성격이라 서운한 일 있어도 며칠 지나면 털어버리는데, 너는 심사가 뒤틀린다고 끝없이 내게 생채기를 내려고 하면 어떻게 감당하지? 내가 하기 나름이라고, 내 밝은 성격처럼 평화롭게 지내기를 바라야지.

가게 문을 열고 들어서니 늘씬하면서도 화려한, 붉은색으로 치장한 자전거가 있다. 가게 주인은 물었다.
"저건 어떠세요?"
마치 미국 브로드웨이에서 짙은 립스틱 바르고 활동하는 여가수 같다. 나는 내 체력이 그에 못 미치면 그를 실망하게 할 것 같아 색깔이 부담스럽다고 했다.
"그럼 저 밖에 있는 저것은요?"
한눈에 반한다는 게 이런 것일까? 내 눈이 먼저 생글생글 웃었다. 하얀 살결에 진녹색 옷을 입은 그는 마치 유럽, 남프랑스 지방의 올리브나무 아래에서 예이츠의 시를 읽고 있는 듯 지적이고 고급스러웠다.

그에게 내가 먼저 다가갔다. 너의 훌륭한 외관 뒤에는 너만의 자존심이 있을 테고, 나도 이만큼 살아왔으니 만만하지는 않겠지. 우리 서로 좋지 않은 일이 있을 때는 감정을 자극하지 말고 잘 풀어서 평화적으로 해결해보자는 주문을 보냈다.

  큰아들이 몇 년 전부터 원하는 회사 이직하면 자전거 타기를 가르쳐준다고 했던 약속을 이제야 지키게 되었다.
  첫날은 집 앞 도로에 세워져 있는 따릉이를 가지고 시작했다. 운동신경이 무딘 내가 무거운 자전거를 움직이자니 내가 자전거에 끌려다녔다.
  무서워서 주저하고 있는데 아들은 자기가 앞에서 핸들을 잡을 거니깐 작은 녀석에게는 뒤에서 엄마를 잡아주라고 했다. 늦은 밤, 사람들이 드문 시간을 택했다. 아들은,
  "핸들은 자전거 중앙에 있는 배꼽과 맞추고, 눈은 멀리 보고 조심스럽게 페달을 밟아라."고 했다.

  내 어깨와 몸은 서로 엇박자를 내느라 꼬여있다. 그래도 큰 애가 끌고, 작은애가 잡고 있으니 조금씩 나아가는 재미를 느꼈다. 신이 났다.
  입이 다물어지지 않았다. 하늘 아래 이렇게 신나고 재미있는 일이 있다니, 신기했다. 영화처럼 쓱쓱 지나가는 장면도 사랑스러웠다.
  길가에 심어 놓은 철쭉의 철 늦은 분홍 꽃잎도 가로등 불빛 아래에서는 이처럼 요염한지 처음 알았다. 뾰족뾰족 제멋대로 자란 무성한 잡초도 그지없이 예쁘고, 제철을 맞은 개망초는 뽀얀

얼굴 내밀고 축하한다고 마구마구 쏘아댔다.

　맞은편에서 산책하던 부부가 우리를 보고 함박웃음을 짓고 지나갔다. 아마 우리 모습이 가관이었던 듯싶었다. 두 녀석은 자전거 앞뒤로 붙어 뛰느라 땀범벅인데 자전거 안장 위에 앉은 엄마는 철없이 웃느라 입을 다물지 못하니 그럴 만도 했다.

　그 와중에 내가 '자전거 탄 풍경' 노래를 불러 달라고 했다.

　"엄마!, 지금 노래가 나오겠어? 나는 숨이 차서 말도 못 하겠는데."

　큰아들의 그 말도 아랑곳없이 '바람을 가르며 달리는 맛'을 제대로 즐기고 있었다. 집 앞 자전거도로를 왕복 5번 뛰어다닌 녀석들에게 나는 편의점에서 쭈쭈바 한 개씩을 물렸다.

　내 자전거에 이름을 지어주고 싶어 몇 개를 가지고 가족들에게 의견을 물었다. 작은 녀석은 실리에 맞게 공모가가 얼마인가를 묻기도 했다. 가족들의 의견일치로 내 친구 '별'은 그렇게 탄생했다.

　어느 날은 큰 녀석이 유튜브에서 '자전거 쉽게 배우는 법을 보내줬다.' 처음에는 한 발만 바퀴에 얹고 다른 발은 땅에 두고 균형을 잡으면서 페달을 밟아 보라고 했다.

　이 삼일 그것만 연습했더니 이번에는 두 발을 자전거에 올리고 멋있게 타고 싶었다. 발을 페달에 올리다가 균형이 어긋났는지 넘어졌다. 손바닥이 살짝 긁힌 것 외는 다행히 둘 다 다치지는 않았다.

　이번에는 남편이 나섰다. 장마 기간이라 폭우가 이틀 쏟아지더니 잠시 비가 그친 밤이었다. 상일 공원으로 가자고 했다. 약간 오르막이었다. 꼼꼼한 성격처럼 자전거를 세워두고 한참 주의 사항을 일렀다.

"내리막길에서는 페달을 밟으면 안 되고 자전거에 발만 올려라. 그리고 브레이크는 단단히 잡고 항상 신경을 써라. 이 브레이크가 위험할 때는 생명 줄이 될 수도 있다. 처음 시작할 때는 페달을 조금 올려놓고 밀면서 발을 올리면 편하다. 언덕 오를 때는 페달을 쉬지 말고 계속 저어야 넘어지지 않는다."

남편은 따라다니면서 주입하게 시켰다. 돌고 또 돌고, 그의 성격상 몇 번 더 시켰다. 체력이 바닥이 된 내가 그만하자고 했다. 체력장 시험 치르는 게 아니라면서.

그러고 보니 인천, 시댁에서의 신혼 시절이 생각났다. 하루 휴가를 낸 그는 자전거 뒤에 나를 태우고 근처 공장지대를 돌았다.

산곡동 가까이에 있는 공단 지대 근처에 커피 공장이 있는지 고소한 냄새가 났다. 그 이후로 가족들과 찾았던 남이섬에서 작은 녀석이 타는 자전거 뒤에 앉아 다니고는 처음이었다.

큰 녀석은 얼른 배워서 한강 가자고 조른다. 한강이라니, 거기는 선수들만 가는 곳 아닌가. 언젠가는 설악산 한계령을 차로 넘고 있는데 자전거를 타고 힘겹게 오르는 이들을 본 적이 있었다.

굵은 허벅지, 날렵하고 곧게 뻗은 허리, 머리는 무슨 생각을 하는지 알 수 없지만 안전하게 저 고지를 넘어야 한다고 생각 외는 다른 곳에 신경 쓸 틈이 없을 것 같았다. 그들이 흘리는 땀방울이 숭고하게 느껴질 만큼 저 높은 곳을 오른다는 것은 자신과의 싸움 같아서 그들을 지나치면서 나는 파이팅을 외쳤다.

 내 친구 별아, 큰 녀석이 직장 따라 멀리 가면서 너를 내게 데려다준 거야. 이제 나는 혼자 걷는 외로운 길이 아닌 너와 한 몸이 되어 달려 볼 거야. 우리 행복하자.

# 바람이 전하는 말

 금요일, 일주일에 세 번 있는 수영장을 갔다 와서 이어폰을 꽂고 집을 나섰다. 등에는 배낭을 맸다. 시간은 하루의 절반이 지나가고….
 수영이 있는 날 산에 간다는 것은 무리라는 생각은 들었지만, 주말에는 비가 온다는 기상청의 예보가 있어 어쩔 수 없었다.
 토요일과 일요일, 우리 집 '대장'에게 중요한 일이 있어 절에 가서 기도하고 오면 마음이 편하겠다는 생각을 한 터라 움직이게 되었다.
 오월은 계절의 여왕이라고 한다. 고운 미풍에 실려 오는 아카시아 내음에 발걸음이 가볍다. 하늘은 더없이 맑고, 바람은 나뭇잎을 흔들고 나도 흔든다.

 수락산 벽운계곡에 도착하니 며칠 전에 비가 내려 그런지 수량도 풍부하고, 물가에는 노란 애기똥풀이 지천이다. 2주 전에 왔을 때는 산벚꽃잎 떨어져 물에 둥둥 떠다니다가 어디론가 흘러가고 있었는데, 이제는 흔적도 없다.
 자주 가는 암자에 들렀다가 다시 산을 오른다. 오늘 목적지는 '새 광장'을 지나 수락산 정상 300m 남긴 지점, 깔딱고개를 넘고서야 오르는 것을 끝내는 일정이다. 얼마 전, 남편과 왔을 때도 딱 거기까지만 갔다.

 그다음을 진행하려면 쇠줄을 잡고 바위를 타야 한다. 10년 전, 1주일에 한 번 친구들과 서울 근교 산에 다닐 때는 그것은 일도 아니었는데 이제는 몸을 아껴야 한다고 무릎이 아우성쳤다.

 이 코스의 백미는 산의 2/3까지는 계곡이 함께한다는 것과, 가는 길이 가파르다 보니 다른 코스보다 빨리 정상에 오른다는 거다. 세찬 물소리를 들으며 오르는 산은 내 영혼까지 맑아진다. 그것이 내가 자주 산을 찾는 이유이다.

 혼자 오르다 보니 걸음이 빨라진다. 오늘은 다른 때보다 늦게 올라와서 더 바쁘다. 내려올 때 물에 발 담그고 편히 쉬자는 생각에 거친 숨을 몰아쉬며, 깔딱고개를 오르는데 갑자기 인적이 드문 것을 느낀다.

 슬슬 겁이 났다. 목적지까지 20분 남겨두고 돌아서야 하나, 나아가야 하나를 두고 갈등하고 있는데, 위에서 내려오는 남자가 자꾸 뒤를 돌아보며 몇 발자국 걷고 또 돌아보며 걷고 한다. 그러면서 나를 보고 저기 소나무 있는 곳에서 뱀을 봤다고 조심하란다. 길옆에는 굵은 소나무가 서 있었다.

 "예! 뭐라고요? 뱀을 봤다고요?, 그러면 저는 내려가야겠어요."

 "아뇨, 산으로 다시 올라가는 거 보고 왔어요, 괜찮아요."

 그때, 내가 앞으로 진행해야 하나, 접어야 하나를 두고 우왕좌왕할 때 이어폰에서 조용필의 '바람의 노래'가 흘러나오며 잔뜩 겁먹은 나를 다독인다.

내 영혼이 떠나간 뒤에 행복한 너는 나를 잊어도
어느 순간 홀로인듯한 쓸쓸함이 찾아올 거야
바람이 불어오면 귀 기울여봐 작은 일에 행복하고 괴로워하며
고독한 순간들을 그렇게들 살다 갔느니

조용필의 '바람의 노래' -중략-

그래, 이거지. 올라가자. 얼마 만에 듣는지. 인기척이 있어 뒤를 돌아다 보니 오월의 햇살 같은 청년이 말간 얼굴로 올라오고 있다. 목적지까지 20분 남겨두고 포기하려고 한 내가 한심하게 느껴진다.

그가 어디 근처에만 있어 줘도 의지가 되겠는데, 스틱도 없이 성큼성큼 80도의 경사진 돌길을 구름 넘나들듯이 오르더니 잠시 물 마시는 틈에 어딘가로 사라져 버렸다.

벌써 고개를 넘어 바위 타러 갔나 보다. 가볍게 오르는 것을 보고서도 '근처' 운운한 내가 딱하다. 인정하자. 나는 더 이상 젊지 않다. 뱀 때문에 놀란 가슴을 진정시키고 내 영혼의 친구인 음악이나 계속 듣자.

내가 음악 방에 노래를 모르기 시작한 것은 스마트폰이 생기고부터다. 스트리밍 기능을 통해서 공간에 제약 없이 음악을 들을 수 있게 됐다.

한 곡 한 곡 모은 노래가 지금은 100곡이 넘는다. 조용필의 노래, '바람이 전하는 말', 킬리만자로의 표범', '잊혀진 여인'은 지금 들어도 명곡이다. 이 노래들을 듣고 있으니 그날이 생각났다.

11년 전 오월 어느 날, 당시 현직에 있던 남편이 잠실 올림픽 체조경기장에서 공연하는 '조용필, 위대한 탄생' 앙코르 공연 입장권을 여러 장 갖고 왔다. 지인이 팬클럽 회장으로 있단다.

  나는 지방에서 사는 여고 친구들을 불렀다. 친구들은 예쁜 옷에 함박웃음을 지으며 도착했다. 목소리도 하늘을 날고 있었다. 남편은 공연장에 들어서더니 어디서 구했는지 파란 응원봉을 나눠주면서 흔들게 했다.

  신기하게 그 봉을 흔드니 몸도 같이 들썩거렸고 가수와 관객이 하나가 되는 축제의 장이 되었다. 6만이 넘는 관중은 객석을 가득 채우고, 환갑이 넘은 그는 삶의 질곡을 노래하며 우리 가슴을 먹먹하게 했다. 그때 갑자기 내 친구가 말했다.

  "야, 서울 사람들은 재미나게 산다야~"

  주위는 웃음바다가 되고, 공연이 끝났는데도 여운이 가시지 않은 우리는 근처 노래방까지 가고서야 하루를 마무리했다.

  나는 목적지에서 인증 사진만 찍고 내려와 집에서 잠자고 있던 무선 마이크를 꺼내 충전시키면서 흥얼거렸다.

  바람이 불어오면 귀 기울여봐 작은 일에 행복하고 괴로워하며
  고독한 순간들을 그렇게들 살다 갔느니 착한 당신 속상해도 인생이란 따뜻한 거야….

# 소년을 얕보지 마라

 삼복더위가 절정이던 2019년 8월 초, 초등학생 4학년과 2학년 형제의 엄마와 친정 여동생이 우리 집을 찾았다.
 주위에서는 '여름 손님은 범보다도 무섭다'라고 그들을 초대한 나를 만류했지만, 녀석들 곁에서 교육에 도움을 주고 있는 여동생이, 아이들의 외가가 베트남에 있어서 방학해도 주위에 일가친척이 없으니 갈 곳이 없다면서 우리 애들 서울 구경 한 번 하게 해 주자고 제안했다.

 바다에서 해가 뜨고 바다에서 해가 지는 남해의 어촌마을에서 태어난 아이들은 방학이 되어도 즐거운 것이 없다는 동생의 말은 내 어린 시절을 생각나게 했다.
 진해와 울산 고모네로 다니면서 진해 해안가에서 만난 예쁜 조약돌과 울산 공업단지를 보며 신기했던 시절이 생각났기 때문이다. 어렸을 때의 기억은 검불 하나라도 소중하다고 했다지.
 언젠가 여동생을 동네에서 만난 소년의 아버지는
 "시골에서 아들 둘을 서울에 있는 대학에 보낸 전력이 있으니, 학교가 파하면 책 보따리 던져놓고 놀고 있는 우리 집 두 아들들 공부를 좀 봐주소."
 대신에 바다에서 나는 생물은 원하는 대로 공급해 주겠단다.

남해에서 온 손님들은 거실에다 여장을 풀었다. 새벽에 직장을 가야 하는 남편은 아침 식사도 쟁반에 받쳐 들고 방으로 들어가면, 먹는 둥 마는 둥 하고, 우리 집 두 아들들도 발뒤꿈치 들고 화장실을 들락거리며 출근했다.

  첫날은 롯데월드. 놀이동산에 가기 위해 자유이용권을 들이밀었는데, 열기구도, 매직 아일랜드도 무섭다며 숨어버리는 통에 얌전한 배만 타고 컴컴한 동굴만 돌다가 나왔다.
  화려한 장식과 웅장한 굉음에, 방학이라 줄어들지 않는 긴 줄 끝에 서 있으려니 새까만 아이들도 주눅이 들었나 보았다. 다음 날은 우리 집 큰아들이 휴가를 내서 추적추적 비 오는 올림픽대로를 달렸다.
  저기는 국회의사당, 그 옆에 높이 솟은 빌딩은 63빌딩, 저 마주 보이는 산 위의 탑은 남산타워, 하면서 떠들어도 녀석들은 듣는지 마는지, 핸드폰 게임에만 열중하고 있었다.
  그래, 초록이 좋으면 더 이상 젊음이 아니랬다고 너희가 뭐가 아쉬워서 비 오는 날이 좋을 것이며 이런 드라이브가 신나겠니, 하고는 집에 와서 닭 다리만 뜯었다.

  여동생은, 아이들 엄마가 참 착하다고 했다. 같은 마을에 큰아빠가 살고 있는데도 시부모님을 모신다고 칭찬했다. 아마 내 여동생도 시어머니랑 같이 살고 있으니 그 노고를 알고 있다는 뜻이겠지.
  그런데다 남해에는 베트남에서 온 새댁들이 많이 살고 있는데, 이 여성들이 다른 나라에서 온 엄마들보다 모성애가 더 강한 것으로 알려졌단다. 그래서 그런가, 아이들 엄마는 늘 애들 진로를 걱정한다고 했다.

애들 할머니는 바지락 철이 끝난다든지, 여름, 장어 철이 마무리되면 틈틈이 며느리에게 목돈을 찔러 주셨는데 그 돈을 거의 친정으로 보낸 덕분에, 지금 친정은 이층집도 짓고, 주변에 논밭도 샀다면서 눈물 글썽였다는 애들 엄마. 엄마가 씩씩하고 밝아야 아들들 정신도 몸도 튼튼하게 자라겠지.

다음날은 남편이 회사 휴가를 냈는데 마침 작은아들도 학교를 하루 쉬고 동참했다. 남편 혼자서는 천방지축인 녀석들 둘을 통제하기가 어렵다는 이유에서다.

사회 교과서에 나오는 청와대, 경복궁, 덕수궁, 말죽거리를 보기 위함이었다. 청와대 주변 주차장에서 목적지까지 걸어가는데 신발에서 고무 타는 냄새가 날 정도로 날은 뜨거웠다고 우리 집 아들이 전했다.

거기서는 아이들 호기심을 충족시켜줬는지 작은 녀석은 집에 와서 저녁 내내 청와대 앞에 서 있던 헌병 모습을 흉내 내며 우리를 웃게 했다. 마침 녀석 머리도 짧게 깎아서 잘 어울렸다. 그러면서 멋진 군인이 되고 싶다고 했던가.

    소년을 얕보지 마라
    그 아이의 집이 평범하고 보잘것없는 집이라고
    소년을 얕보지 마라

애가 보러 햄 링컨의 집도 통나무집이었다
　　그들의 부모가 무식하다고 소년을 얕보지 마라
　　셰익스피어의 아버지는 그의 이름조차 쓸 수 없었다
　　　　　　　　　　　　　『소년을 얕보지 마라』중에서 베이든 포우엘


　남해에서 공무원을 하는 나랑 동갑인 제부에게 메시지가 왔다.
　'처형, 고생하시지요. 고맙고 감사합니다.'
　나는 이 시를 답가로 보내주었다.

　녀석들이 며칠 더 있다가 가고 싶다고 해서 집에서 가까운 잠실 알라딘중고서점에 데리고 갔더니 어느 틈에 바닥에 앉아서 만화를 펼쳐 들고 정신없이 빠져있었다.
　큰 녀석은 소심해서 조용조용 있다가 가끔 큰 거 한 방 터뜨리고, 작은 녀석은 초롱초롱한 눈망울에 다부진 인상으로, 본인이 하고 싶은 말은 숨김없이 다 하면서도 속은 깊어 어디를 가든지 말이 어눌한 자기 엄마를 챙겼다.

　동생은 아이들의 학습을 학교 수업보다는 반 학기 정도 진도를 나가는데 그것에 좀 미흡하면 말했다.
　"얘들아 진도가 늦었네, 뭐 하다가 이랬지?"
　"선생님이 우리 자습시켜놓고 멸치 똥 빼고, 콩 까고, 김치 담느라고 늦었지, 왜 늦긴요."
　아이의 눈에 비친 어른이 한 행동의 부당함을 지적하는 녀석, 수학을 좋아하고, 문제 풀 때의 집중력은 가히 천재 같다는 학습지 교사의 말을 빌리지 않더라도 참고서를 좋아하지 않으며 그 이유가, 참고서를 보고 문제를 풀면 머리가 어지럽다고, 혼자서 능력껏 풀어보고 그것도 안 되면 선생님의 도움을 받는다는 어린 소년. 난 이들을 보내놓고는 한동안 작은 녀석의 목소리가 윙윙거려서 자주 동생에게 그들의 안부를 물었었다.

그해 가을, 남해에서 내게 한 보따리의 선물이 도착했다. 붉은 고춧가루와 싱싱한 돌 문어, 그리고 바닷바람에 꾸덕꾸덕 잘 말린 생선이었다.
"넘 헌테 그렇게 하기가 참 에립은데 고맙십니더."
아이들 할머님의 인사였다.

# 시간에 기대어

저 언덕 너머 어딘가/ 그대가 살고 있을까/ 계절이 수놓은 시간이란 덤 위에/ 너와 나 나약한 사랑/ 바람이 닿는 여기 어딘가/ 우리는 남아 있을까/ 연습이 없는 세월에 무게만큼 더/ 너와 난 외로운 사람
-중략-

'시간에 기대어'라는 이 노래는 '친친 클래식' 멤버의 일원이며 광주 시립합창단 단원으로 있는 바리톤 J가 삼각산 시민청에서 부드러운 저음으로 부른 노래다.

마침 뮤지컬을 좋아하는 아들들도 쉬는 날이어서 온 가족이 함께 공연을 관람했다. 헤어진 연인에게 보내는 이 노래를 듣고 있자니 J가 유치원 다닐 때 하늘나라로 가버린 그의 아빠 얼굴이 떠올라 눈물이 났다.

내 고등학교 친구 H의 남편이었던 그는 세상을 뜨기 1년 전, 신혼이었던 우리 집에 와서 그의 두 아들과 함께 하루 묵었었다.

그날 밤, 우리 부부는 근처에 살고 있던 동생네 부부와 함께 한강 둔치에서 랜턴을 켜고 삼겹살을 굽고 소주잔을 부딪치며 많은 노래를 불렀던 기억이 났다. 고등학교 교사였던 그는 노래도 잘하고 민요는 수준급이어서 시간 가는 줄 몰랐었다.

그리고 2년의 세월이 흐른 뒤, 담장에 붉은 장미꽃이 만발하던 어느 봄날, 새벽에 걸려 온 전화를 받고 그때 2살이던 큰아이를 안고서 남편과 나는 그녀가 살고 있던 전라도 광주로 내려갔다.

검은 상복을 입고 머리에 흰 핀을 꽂은, 파리한 그녀를 보니 내 가슴도 무너져 내렸다. 그녀는 남편과의 이 세상 마지막 인사를 하려고, 죽음이란 단어도 모르는 다섯 살, 일곱 살 아들에게 양복을 입혀 아이들에게 '아빠, 좋은 곳으로 가세요'라는 인사를 시키면서 몇 번을 까무러쳤다가 깨어나기를 반복했다고 하니, 그때가 떠올라서 목이 메었다.

생전에 둘의 사랑이 얼마나 애틋했는지 그녀를 아는 사람들은 알고 있었다. 아들들을 재워놓고 까만 밤거리를 손잡고 다니면서 놀이터도 지나고, 길 따라 돌아가는 골목도 만져가면서 소박하면서도 행복하게 살던 그녀였다.

결혼 후 7년을 같이 살았던 남편이 떠난 뒤 생계를 위해 그녀는 레코드점을 시작했다. 비가 오거나 불 꺼진 밤이면 외로움과 무서움을 달래가며 클래식기타를 안고 세월을 보냈다는 내 친구는, 노래 가사처럼 바람이 닿은 어딘가 둘의 사랑이 남아 있었을까.

그녀가 아들을 예술 고등학교에 보낸 것은 특별한 계기가 있었다. J가 중학교에 진학하고, 학년 올라갈 때마다 음악 선생님들은 목소리가 매력이 있다고 성악을 시키라'라고 하셨다고 한다.

예술은 여러 가지로 뒷받침해야 한다는 것을 친구는 알고 있어 고등학교 음악 선생님으로 있는 지인에게 물어보니 대답해 주었다.

"본인이 할 나름이다, 분명 좋은 스승이 계실 거니까 걱정하지 말라."

그 말에 용기를 얻어 예술 고등학교 입학 준비를 했다는 내 친구.

음악대학에서는 교수가 학생을 선택하게 되는데 이것도 행운이 따랐는지 명망 있는 스승 밑에서 최고의 음악을 배울 수 있었다며 아직도 감사해한다.

어떤 교수님은 정년퇴직하고도 학교에 명예교수로 남아 교습시켜주셨고, 새로 오신 젊은 교수님 또한 J의 목소리와 열정을 높이 사, 매일 조건 없는 개인지도를 아끼지 않으셨다고 하니 스승 복은 타고난 듯했다.

군 제대 후에도 연습에 연습을 거듭한 끝에 졸업할 때는 조아키오 로시니의 세비야의 이발사에 나오는 '라르고'를 광주 예술회관 대극장에서 노래했고, 베르디 오페라 'Rigoletto'의 주역을 맡는가 하면, 가난한 예술가들의 삶을 그린 푸치니의 대표작 'la Boheme'으로 무대 중앙에 서게 되는, 단연 돋보이는 길을 걸었다.

J는 몇 년 전 같은 대학교에서 만난 피아니스트인 여자 친구와 백년가약을 맺었다. 학교 선후배가 꾸민 결혼식 축가 무대는 마치 뮤지컬을 보는 듯 영상으로는 절대로 볼 수 없는 즐겁고 신나

는 축제의 한마당이었다.

 거기에서 내 친구는 클래식기타로 스페인 민요인 'romance'를 연주해 아들과 며느리의 결혼을 축복했다. 단아한 한복을 입고 지긋이 아들 부부를 바라보는 그녀 모습을 보니 목이 메었다.

 그녀는 큰아들을 결혼시키고 나서 한동안 참 허전했다고 한다. 매일 아침, 함께 음악을 듣고 차를 마시며 마주 앉아 얘기하다가도 감동적인 음악이 나오면 같이 눈물 흘리곤 했는데, 그 아들이 없는 허전함이 참으로 슬펐다고 그때를 회상했다.
 어떻게 견뎌 왔는지, 돌아보면 지난한 세월은 힘들었고 아팠지만, 지금은 추억의 한 페이지가 되었다니, 기러기 날갯짓하며 울고 가던 하늘이 무심한 세월은 아니었나 보았다.

 아이가 태어나면 온 마을이 돕는다는 이야기가 있다. J가 저 큰 무대에 서기까지 얼마나 많은 비바람을 맞았는지는 본인과 본인의 가족들만이 알 것이다. 그의 노력과 눈물과 많은 사람의 격려와 보살핌과 사랑이 없었으면 불가능했으리라.
 일찍 하늘나라로 간 남편과의 약속을 지키며 시간에 기대어 씩씩하게 사는 내 친구 H를 생각하자니 하순명 시인의 '청춘 한 시절'이란 시가 생각난다.

  내 심장 어딘가에/ 변치 않을 청춘 한 시절/ 불을 밝히고 서 있구나/ 뜨거웠으되 서툴렀던 청춘/ 이별해도 이렇게 / 오래오래/ 그립게 하는구나

# 책 속에서, 책 바깥에서

　점심시간, 예약도 하지 않고 고덕에 있는 연*치과에 갔다. 1년마다 검진받아야 하는데 치료를 미루다가 간 거라 조심스러웠다.
　불 꺼진 병원에 들어서니 간호사가 나와서 스위치를 올려준다. 습관처럼 읽을거리부터 찾는 나는 큰 책장 앞에서 제목을 읽어 내려간다.
　누가 이 책들을 선정해서 진열해 놓았는지 내 취향과 비슷하다. '내 마음속에서 꺼낸 이 한 장의 사진' 제목에 꽂힌 나는 쉬이 다른 책으로 넘어가지 못한다. 우리나라 내로라하는 문인 스물일곱 명의 마음속에 간직한 한 장의 사진 이야기다.
　갑자기 심장이 뛴다. 이분들의 어린 시절을 들여다보는 재미는 각별할 것이다.
　표지 사진은 공지영 작가가 대나무밭 앞에서 남동생과 찍은 흑백사진이다. 어렴풋이 들려오는 서걱대는 댓잎 소리. 스물일곱 중에 내가 좋아하는 작가도 있고, 부끄럽게도 잘 알지 못하는 소설가도 있다.
　앞 장을 읽어 내려가다가 이 책이 어쩌면 고덕 도서관에 없을지도 모른다는 생각에 미치자 없으면 구매해서 읽어야겠다고 맘먹으며 휴대전화기를 꺼내 책 사진을 찍는다.

책을 읽고 있는데 소리가 들렸다.

"양혜정 님 들어오셔요."

가방을 챙겨 진료실로 들어섰다. 잇몸에다 아래위 주사를 놓고 치료를 시작한다. 마취해서 그런지 설레는 책을 발견해서 그런지 그다지 지치지 않고 치료를 끝냈다. 간호사에게 '도서관에 없을지 몰라서 그러는데 책을 좀 빌렸으면 한다'라고 말씀드렸더니 조금 의아해하면서도 흔쾌히 응해주시면서 내 병원 기록부 옆에 책 제목을 적는다.

구매해서 읽어야겠다고 맘먹었지만 도착할 때까지 기다림에 지치고 싶지 않았다.

집에 와서 책을 꺼냈다. 작가의 어린 시절 이야기라니, 아직도 가슴이 뛰고 있었다. 작가의 대표작품을 찍으려고 휴대전화기를 꺼내려니 가방에 없다. 갑자기 '내가 멍청하다'라는 생각이 든다.

어디서 흘린 걸까? 내가 너무 들떠 있었나? 고덕동에서 상일동까지 걸어오면서 휴대전화기를 꺼낸 적은 없었는데. 마침 집에 있던 남편이 자기 휴대전화기로 전화해 본단다.

벨 소리가 들리지 않는다. 치과로 전화해 보더니 거기 있단다. 본인이 갔다 오겠단다. 마취해서 입은 찌그러져 있고, 발음이 버벅거린다는 핑계로 나는 침대에 누워 책을 펼친다. 작가들의 어린 시절은 대부분, 우리나라 역사만큼 암울했고, 궁핍했지만, 가혹한 시대를 살면서도 잃지 않고 간직했던 것은 고결한 정신과 사물에 대한 따뜻한 시선, 그리고 사람에 대한 예의였다.

이 책은 내 어릴 적 친구들을 생각나게 했다. 동네에 잔치가 있거나 명절이면, 밤에도 밖에 나가서 놀아도 좋았다. 동네가 커서 그런지 또래들이 많았다. 남자와 여자의 성비가 비슷한 우리는 몰려다니는 재미가 있어서 그런지 틈만 나면 어울렸다.

동네가 바다와 산의 중간쯤에 들어앉은 덕분인지 놀 장소가 많았다. 수문 근처이거나, 산 밑 허리 굽은 소나무가 있는 언덕이거나, 거친 잔디가 깔린 모래밭은 인기 장소였다.

그런 곳을 다른 기수보다 먼저 가서 좋은 자리 잡으면 우리가 그날의 주인공인 양 으스댔다. 간혹, 생각해 둔 장소를 바로 위 선배이거나, 내 동생 또래들, 별난 범띠 사내아이, 계집아이들이 놀고 있으면 슬그머니 물러나 주는 통 큰(?) 면모를 보여주기도 했다.

빙 둘러서서 손뼉을 치며 노래 부르다가 에너지가 충만한 남자친구들은 흙에 뒹굴면서 춤을 추었다.

가끔은 카세트테이프 켜놓고 '족보도 없는' 막춤을 추어 댔지만 대부분 맨 목청으로 그 시대의 유행가들을 목이 터지라 불렀다. '돌아와요 부산항에', '머나먼 고향', '고향 역'같은 노래를 들으면 지금도 가슴이 뭉클하다.

그 시절, 친구들과 정월 대보름날 양푼 하나 들고 보름 밥 얻어먹으러 다니던, 달밤 아래 쩧고 까불며 놀던 기억들.

평소에는 얌전하지만, 술이 조금 들어가고, 놀이가 끝날 무렵이면 꼭 남자친구들은 자기들끼리 시비가 붙었다. 쳐다보면 본다고, 웃으면 웃는다고, 춤 못 추면 못 춘다고, 답을 제때 못하면 늦게 했다고, 이유 갖지도 않은 이유로 치고받고 싸웠다.

아마 그 나이에만 부리는 치기였겠지만 우리 여자애들은 무서워서 집으로 줄행랑치기에 바빴다.

숨 가쁜 밤이 지나고 학교에서 만나면 눈을 빛내면서 그 뒷얘기를 듣고는 했다. 듣고 또 들어도 재미나던 이야기들. 어떤 남자친구는 다른 동네에 좋아하는 여학생이 있었다.

여자애를 만날 핑계로 그 동네에 놀러 갔다가 그곳에 사는 동기 남자애들에게 두들겨 맞았단다. 그들은 샘이 났는지, 우리 동네가 보이는 고갯마루까지 따라와서 친구를 때렸다는 후문이 돌고는 했다.


언젠가는 친정 사촌 동생 결혼식이 있었다. 고향 가까운 곳에서 중학교 동창회를 한다는 소식이 들렸다. 결혼식이 끝나고 모이기로 한 음식점에서 중학교 친구들과 반갑게 만났다.

학교 졸업한 뒤로는 처음이었다. 1차 끝나고 동네 남자친구들과 따로 어울렸다. 그때는 거제도와 가덕도를 잇는 '거가대교' 공사가 한창이었다. 내 옆에 앉았던 친구가 말했다.

"저기 저 다리가 요즘 떠들썩한 거가대교다."

나한테 보여주려고 이 다리 앞에다 자리를 잡았다고 덧붙여 말했다.


정월 대보름달이 휘영청 밝은 날은 검푸른 바다에 반짝이던 달빛만큼이나 아련하고 애잔했던 시절, 하늘과 땅에 얼굴을 비비고 놀던 생각에 나도 사진첩을 꺼내 들었다.
 뒷산으로 바닷가로 소풍 다니며 보았던, 갈매기 줄지어 날아가던 드높은 하늘은 얼마나 푸르고, 해 질 녘 노을은 얼마나 붉었는지, 또 그 친구들은 얼마나 개구쟁이였는지, 해가 바뀌니 더 그리운 요즘이다.

# '산실이'

'산실이'는 예비 며느리가 될 아가씨가 지은, 남편 차 예명이다. 산타페의 차 색깔이 은색이라서 산실이가 되었다. 14년 전에 만나 33만 킬로를 기록하기까지 우리 가족의 일환처럼 지냈다.

애들이 초등학교 다닐 때, 여름휴가가 되면 캠핑용품 바리바리 싣고 치악산 금대계곡으로 향할 때는 늠름하고 점잖고 기운도 넘쳐서 옆에 가던 차들을 착착 제치고 가는 재미가 있었다.

치악산에서 3박 4일의 휴가가 끝나면 용광로 같은 서울에 돌아오기 싫어서 우리는 캠프장에 남고, 남편은 원주에서 서울 광진구 광장동까지 이틀 출퇴근했다. 새벽공기를 가르며 안개 낀 고속도로를 달리는 기분은 참 상쾌하더라고 그는 회상했다.

그렇게 산실이는 주인의 충실한 심복이 되어 전국을 새벽같이 따라다니면서 주인의 무사 귀가를 책임져 주는 든든한 친구이기도 했다.

가끔 시댁에 가서 부모님 모시고 외출이라도 할 때면 남편은 조수석에 아버님을 앉히려고 구석구석을 꼼꼼하게 청소하고, 두 분이 좋아하는 트로트도 준비해 뒀다.

부모님 앞에만 가면 그에게 나는 지구상에 없는 사람이 된다. 그리고는 아버님께 조곤조곤 건강은 어떠시냐, 식사는 잘하시냐, 드시고 싶은 건 없느냐고 저음으로 묻는다.

가끔 아버님이 꽃밭 근처에서 아들 이발해 준다고 산실이 주인 목에 연분홍 보자기 묶어서 이발 끝내고, 염색까지 깔끔하게 해 주면, 산실이 주인은 꽃처럼 웃고, 어렸을 때부터 아들 머리를 다듬어주셨던 산실이 할아버지는 그지없이 흡족한 표정이 된다.

그러다가 남편과 같은 차종인 시동생 차가 꽃밭에 도착하면 깔끔한 시동생은 차에 광택을 낸다고 오르내리고, 산실이 주인은 샤워시킨다고 고무호스 들고 설치면, 깔끔한 새 신랑 같은 산실이는 꽃나비 벙그는 꽃밭에 앉아 졸고 있었다. 그 당시가 산실이나 산실이 주인이나 생에서 최고의 빛나는 순간이었지 싶다.

세월이 흘러 작은아들은 취업하고, 수원 영통까지 출퇴근해야 했다. 불안했던 내가 1주일을 함께 작은아들과 같이 다녔다.

아들 출근 시간에 조수석에 앉으면 새벽부터 고속도로는 출근 전쟁이었다. 그 시간에 나선 적이 없던 나에게는 의외의 풍경이었다. 그때부터 돈 벌어주는 사람에게 잘해야겠다고 맘먹었었다.

상일 IC를 빠져나가서 판교 네이버 건물 근처에는 나이를 잊은 벚나무 행렬도 장관이었다. 그 길을 알고부터 봄이 되면 그곳에도 벚꽃이 피었겠다고 아들한테 안부를 묻곤 했다.

아들이 안전하게 회사 주차장에 주차하는 것을 보고, 나는 전철을 타고 집에 와서 저녁 준비해 놓고 퇴근 시간 맞춰서 내려갔다가 같이 올라오기도 했던 날들은 아들과 산실이와의 예쁜 추억으로 남아 있다.

  꼼꼼한 성격에 자기 물건에 대한 애착이 많은 남편이, 덜렁대는 작은아들이 혼자 주차하다가 여기저기 긁어놓은 것을 보고는 많이 속상해했다.
  그는 자주 흠집 난 곳도 말끔하게 메꿔주고, 광택도 내주고, 점검도 받으러 다닌 덕에 속 썩이지 않고 잘 타고 다녔는데 언젠가, 아들의 출근길, 굽은 길에서 정체되어 서 있는데 뒤에서 벤*가 달려오다 들이받았단다.
  산실이는 뒤 펌프가 찌그러지고 그 차는 앞 펌프가 심하게 파손되었단다. 그때부터였다. 산실이 상태가 좋지 않은 것은. 성한 데가 없었다. 심지어는 아들이 더 이상 타고 다니기 불안하다고까지 할 정도였다.
  사고가 난 뒤로 남편이 타고 다니며 체크를 했으면 이 지경까지 되지 않았겠는데, 작은 녀석은 연애하느라 도낏자루 썩는 줄도 모르고 정신 놓고 끌고만 다녔다. 그래서 그런지 2년간 수 없이 병원을 들락거리다가 할 수 없이 폐차하기에 이르렀다.

  산실이가 떠나던 날, 아들들은 그동안 고마웠다고 인사를 하고, 남편은 보내주는 날까지 물걸레를 들고 다녔다.
  산실이는 기운 없이 가래 끓는 소리를 내며 떠났지만 처음 만날 때의 모습처럼 아름다운 외관은 여전했다. 안타까워하는 남편에게 생명 가진 것들의 당위성이나 어쩔 수 없다고 하면서 아픈 몸으로 끌려다니는 것도 괴로울 거니, 우리 가족 아무도 다치지 않고 건강하게 지켜줘서 감사하다고 기쁜 마음으로 보내주자고 했다.

　성남 폐차장에 산실이를 데려다주고 그가 찍어 온 사진을 보니, 덩그러니 혼자 있었다. 꼭 자식을 친척 집에 맡겨두고 오면 그럴까, 목이 멨다.

# 코카인 댄스 춤을 추는 그녀

　검단산에 진달래 피었겠다. 산에 가자는 카톡이 왔다. 네가 연락이 올 때가 된 것 같아서 기다리고 있었지. 그래 가자는 답을 주고 나니 설렘이 일었다. 올해의 첫 산행이다.

　검단산 등산로 중에는 우리가 좋아하는 소나무 군락지가 있다. 솔가지가 빽빽해서 하늘은 보이지 않는다. 향긋한 솔향이 퍼지는 산길은 솔잎이 떨어져 푹신하고. 길은 구불구불해서 검단산의 운치를 더한다.
　한고비 올라서면 우리의 첫 번째 쉼터가 나온다. 나무 둥치에 앉아 마주 보는 산은 3월이라 연둣빛이 흐른다. 진달래도 분홍 꽃물을 물었다. 그래, 이 맛에 산에 오는 거지. 잠시 멍때리고 앉았다가 다시 오른다.

　나와 동갑인 친구는 삼십 대에 문정동 빌라촌에서 처음 만났다. 집들이 굴 껍데기처럼 다닥다닥 붙어있는 데다 골목도 좁아서 바깥에 노는 아이들 소리에 잠시라도 아들들 옆에 끼고 학습지라도 시키려 들면, 집중이 되지 않았다. 나도 녀석들도 엉덩이가 들썩였던 거다.
　집마다 애들이 어려서 또래가 많았다. 골목 가운데에 있는 우리 집에서 자주 수제비를 만들어 먹거나 비빔밥을 해서 먹거나 국수도 말았다. 김장도 품앗이하듯이 하고, 어떤 때는 반찬도 한 집에 한, 두 가지씩 해서 나누어 먹었다.

트럭으로 과일이나 생선이나 야채가 들어오면 나는 친구들을 불러 모았다. 그 까닭에 그날 반찬은 집집이 무엇인지 말 안 해도 알 정도였다.

계절마다 김밥을 싸서 올림픽 공원으로 소풍 갈 때면 그녀는 막내아들을 포대기에 업고, 둘째에게는 오빠 손 꼭 잡고 다니라고, 안 그러면 엄마 잊어버린다고 당부했다. 밤낮 자그마한 사업으로 바쁜 남편을 향해 가끔 서운한 감정을 드러내기도 했지만, 애 셋을 씩씩하게 혼자서 잘 키워냈다.

그 동네를 10년 살고 내가 먼저 떠났다가 다시 만나 산을 다녔다. 아마 서울 근교의 산들은 다 다녔을 거다. 언젠가는 용문산 근처에서 친구가 말했다.

"너와 내가 만약 남자와 여자로 만났다면 엄청나게 돌아다녔을 거다."

내가 물었다.

"남자는 누가 할 건데?"

"네가."

나도 여자 할 거라고 남자 되는 거 싫다고. 애들 키우고 살림하는 거 적성에 맞는다고, 그리고 남자가 되면 평생 가족들 책임져야 되잖아. 하면서 한바탕 웃었다. 그 정도로 마음이 잘 맞았다.

산행 도시락을 싸 와도 반찬을 넘치게 갖고 와서 작은 몸에 힘들다고 두 가지씩만 갖고 오라고 해도 막무가내다.
어떤 날은 아들 생일상 차려줬다고 부침개를 종류별로 싸 오기도 했다.

4년 전에는 도봉산 신선대를 오른다고 나섰다. 마지막 벼랑 구간을 남겨놓고 길에 퍼질러 앉아 초코파이와 포도, 커피를 함께 먹었다. 마지막 암벽 구간이라 당분을 보충해야 했다.
두 손 두 발로 기다시피 올라선 신선대의 풍경은 가히 압권이었다. 고생고생하며 올라온 보람이 있었다. 8월의 날씨라 등 뒤에서 땀은 줄줄 흘렀지만 기쁨도 그만큼 컸다.
오래전에 산 친구들과 올랐다가 몇 년이 지난 뒤에 무거워진 몸으로 오르려니 부담이 컸던 건 사실이었다.
올해 또 한번 도전해 보자고 채근하지만 나는 무릎 핑계를 대며 엄살을 부리기에 바쁘다.
"무릎 때문에 안돼!"

친구는 몇 년 전부터 헬스로 꾸준하게 근력운동을 한다고 나보고 다니라고 권한다.
"헬스야 아들들 따라서 다니다가 말았다가 했는데도 효과는 보지는 못했어. 나도 이참에 너처럼 운동을 야무지게 해 볼까?"
무릎 때문에 병원에 갈 때마다 의사는 말했다.
"요렇게 하는 운동 있잖아요. 다리 들어 올리는 거, 그거 꾸준히 하셔야 해요."

몸소 보여주면서 당부했다. 요즘은 스틱도 없이 다니는 그녀다.

"예전에 너는 날아다녔는데."

그러게 너는 내 뒤쫓아 오기도 힘에 부쳐 했는데, 이제는 처지가 바뀌어버렸다. 그녀는 무릎 근육 키워서 한라산 가자는 제안을 또 한다. 한라산은 한 번도 안 가봤는데, 그 산은 겨울에 가야 더 멋있다던데…. 시름이 깊어진다.

언젠가는 그녀의 친구랑 북한산 간다고 나섰다가 길을 잃었다. 늦게 출발해서 급한 마음에 지름길로 가 보자고 한 게 그리 되었다. 그녀의 친구는 휴대전화기로 산악 지도를 켰는데도 계속 철조망이다. 군부대 근처인가 보다.

멀리 눈에 익은 봉오리들이 보이는데 어디로 가야 하는지, 가까이 눈 닿는 곳마다 벼랑이다. 산에서 길을 잃으면 계곡으로 내려오라는 말이 있어 그쪽으로 방향을 틀었다.

계곡이라고 쉬운가, 천지가 거친 바위고 가시투성이다. 손톱이 부러지고, 팔은 긁히고, 나무둥치는 썩었는지, 밟으면 부러져 엉덩방아 찧고, 배는 고프고, 부처님, 하느님, 다 찾고, 이러다 밤이 오면?, 하는 생각에 덜컥 겁이 났다.

우여곡절 끝에 용감한 그녀의 친구가 선두로 치고 나가면서 살길을 찾았다. 내려와서 뒤돌아보니 산 짐승이나 다닐 것 같은 저 길을 어쩌자고 죽기 살기로 내려왔는지, 마주 보며 한참을 깔깔거렸다. 험상궂었던 이전의 상황은 진즉에 잊었다.

4월 초, 둘이서 수락산 진달래를 보고 왔다. 수락산은 명실공히 진달래 군락지다. 검단산, 아차산만 진달래가 많은 줄 알았는데 수락산은 산도 멋지지만, 꽃으로는 그 산에 비할 바가 아니다.

꽃을 보면 예쁘다고 감탄하는 그녀는 말했다.

"너랑 오면 맘껏 표현해서 좋아."

"왜 다른 데 가서 그러면 안 돼?"

"다른 친구랑 가면 그 애들은 시큰둥한데 나만 난리를 치니 민망해."

그렇게 우리는 자연 앞에서 나이를 잊는다.

진달래 무리를 앞에 두고 도시락을 먹는데 소슬한 바람이 지나간다. 주위는 단단한 바위산, 앞 옆에는 진달래 무리. 무엇이 이처럼 행복할까?

지금처럼 좋아하는 산에 다니면서 마음 맞는 벗이랑 같은 곳을 바라보는 소박하면서도 다정한 이 예쁜 생활이 오래 지속됐으면 좋겠다고 생각한다. 내려오는 길에 무당벌레를 발견한 그녀는 말했다.

"벌써 무당벌레가 나왔네, 얘는 진딧물을 먹고 사는데."

안전한 곳에 올려놓는다. 국수나무 잎이 잠시 흔들린다.

언젠가는 유튜브에 올라 온 유명 배우의 '코카인 댄스'를 보내주면서 '너의 춤이 보고 싶으니 다음 주까지 준비해 올 것'이라고 보냈더니 '오케이'라는 답이 왔다.

수락산 중턱, 넓고 긴 산길에서 음악에 맞춰 춤을 추며 그녀는 말했다.

"여기는 섹시하게, 이 부분은 요염하고 격렬하게, 그리고 여기는 섬세하고 부드럽게…."

무아지경에 빠져 춤을 추는 그녀의 행복한 표정과 유연한 춤선이 예쁘다.

그녀가 결혼하기 전, 출판사 다닐 때 이야기를 들려준 적이 있었다.

"유명 아이돌 그룹에 다니던 지인이 면접 보러 오라고 했을 때 정말 가고 싶었는데, 옷 사 입을 돈이 없어 못 갔다."

친구 말에 내가 위로해주었다.

"많이 아쉬웠겠다. 그래, 너는 그렇게 살면 좋겠어. 가끔 흔들고 싶으면 흔들고, 하늘이 맑고 바람이 불면 오늘처럼 튀어나오고."

어느 날, 집에서 가까운 아차산을 오를 때 내가 말했다.

"내가 행방불명되면 이 길, 대성암 가는 이곳에서 찾으면 돼."

내 친구 용실이는 자기도 같이 가자고 했다.

절 뒤, 바위 위에 앉아 바라보는 한강은 얼마나 이쁘고 잔잔하던지, 저 고요한 강물과 같이 흘러간 우리의 청춘, 열정, 낭만, 그리고….

아차산에 핀 개복숭아꽃을 보면서 저 꽃도 내 꽃, 저기 저 바위 옆에 핀 꽃도 내 꽃, 하면서 꽃 지고 잎 돋고, 열매 열리면 개복숭아 따서 진액 담을 거란다.

사진 찍어 놔야지, 하면서 몇 개를 찍더니, 몇 주 뒤에 가니 꽃들이 다 져버려 어떤 나무인지 잊어버렸단다.
"그러게, 산에 핀 꽃만 네가 하고 긴 고랑 길 끝, 동네에 있는 꽃은 동네 사람들 주라고 했잖아."
"아, 아쉽다."
그녀는 흰 철쭉꽃 무리처럼 하얗게 웃었다.

미루나무는 그때도 예뻤을까

제 4 부

따뜻한
별 하나

# '상일동 모지리' 1

 늦은 밤, 난 작은 아들의 방문을 열고 몹시도 다급한 손짓으로 머리를 가리키며 빨리 나와서 행동을 취하라고 몇 번이나 신호를 주었다.
 녀석은 배 위에다 올려놓기만 해도 뱃살이 빠진다는 시커먼 근육 패치를 붙인 채 방 창문을 닫았다. 그리고 베란다에서 손가락으로 알았다는 신호만 보낼 뿐 꿈적도 하지 않았다.
 "으응, 그랬구나. 잘했어, 그래, 으허허허, 그래그래."
 "저것이 미쳤나, 말을 들어 먹어야 말이지. 머리가 타들어 가는 것도 모르고, 전화질이네."
 우왕좌왕하는 나를 보고 큰아들이 나와서 방문을 확 열어젖히고는 소리를 꽥 질렀다.
 "야! 너, 머리 다 탄다잖아."
 "응, 나 지금 머리 감고 다시 전화할게."
 씩 웃으면서 나왔다. 밤인데도 35도에 육박하는 날씨에, 폭죽 같은 땀을 흘리면서 베란다에서 30분째 통화를 하고 있었다.
 녀석이 앞머리에 새치가 있어서 살짝 염색을 해줬는데 머리를 감아야 한다는 사실을 잊었나 보다.
 "큰일이다, 보통 일이 아니다. 30년간 금이야 옥이야 키워놨더니 한순간에 뺏겨버렸다."

나는 넋두리를 쏟아냈다.

　작은아들은 꽃샘바람이 살랑살랑 불어오는 2월에 직장 상사의 소개로 여자 친구를 만났다. 처음에는 일 배워야 한다며 손사래를 치더니, 만나고 온 뒤부터 허허실실 웃음을 흘리고 다녔다.
　상대 여친도 같은 생각으로 나왔다가 우리 집 작은 녀석을 보고는 '이상형을 만났구나'라는 느낌이 들었다고 했다.
　평소에 멋이라고는 모르던 녀석이, 이 옷이 저 옷이고 저 옷이 그 옷인데 뭔 상관이며, 구두는 뭔 구두, 아무거나 신고 다니면 되지, 하던 녀석이, 주말이면 옷 사러 가자고 앞장섰다. 그런데다 가장 훌륭한 대화는 식탁에서 나온다고, 퇴근 후에 온 가족이 식탁에 앉아 그날 하루에 있었던 일과를 이야기하는 시간인데, 녀석이 퇴근하면서 그 '가시나'와 전화를 하는 통에 그것도 흐지부지되어 버렸다.
　어떤 때는 전화를 더 길게 하고 싶어서 퇴근할 때 속도도 천천히 한다지 않은가. 운전 중에 통화하면 위험하다고 그렇게 일러도 오히려 걱정하는 나를 설득했다. 퇴근 시간은 차가 밀려서 괜찮다나 어쩐다나.
　어떤 때는 분명히 우리 집 '홈 네트워크 시스템'에 차는 들어왔는데 바로 올라오지 않을 때도 많았다. 처음에는 금방 올라올 줄 알고 밥상 차려놓고 기다리다가 기척이 없어서 전화해 보면 받지도 않았다.
　기다리다 못해 주차장으로 내려가면, 만면에 웃음을 머금은 채 나를 보고 들어가라는 손짓만 하고는 여전히 '전화질'에 충실했다. 어떤 때는 저녁을 먹고 같이 산책하러 나가다가 여친한테 전화가 오면 혼자 쏙 빠져서 다른 길로 갔다.

어느 정도 시간이 흐른 후에 같이 들어오려고 전화하면 아직도 통화 중인지 받지 않았다. 집에 와서 내가 말했다.

"급한 일이 있으면 어떻게 하냐, 전화라도 받아라."

내 말은 듣지 않았다.

커피를 좋아하는 그녀 때문에 만나는 날은 새벽부터 서울에 있는 수제 커피집을 차례로 돌아다니면서 그녀가 있는 세종으로 싣고 나르는가 하면, 얼마 전 주말에는 약과를 좋아한다는 얘기를 들었는지, 세차 후 집에 와서 옷 갈아입고 데이트 갈 거라고 하더니 두 시간이 넘어도 연락이 없었다. 한참 후에 예쁜 쇼핑백을 내밀었다.

"엄마 선물."

이게 뭐냐고 물으니 약과란다.

"여태 차 청소했니? 상일동역 주변 떡집에 약과 있다고 했잖아. 어디서 샀니?"

강남 신사동에서 샀다고 했다.

"아니, 약과 사러 거기까지 갔어? 이 날씨에."

난 씻으러 간다고 하면서 자리를 피해버렸다. 기가 막히고 코가 막힌다는 것은 이럴 때 쓰는 말인지, 어이없었다. 그것을 본 큰 녀석이 말했다.

"야, 너는 그 가시나가 원하면 별이라도 따다 주겠다."

대꾸 없이 샤워하면서 콧노래만 불렀다.

평소에 우리 집 두 녀석은 참 재미있는 조합이었다. 퇴근하면서 내게 전화해서 서로 왔느냐고 묻기도 하고 누구 하나가 야근한다고 연락이 오면 따로 전화해서 빨리 오라고 채근하기도 했다.
둘이 붙으면 티키타카의 뜻처럼 말을 빠르고 재밌게 주고받으며 서로 지지 않으려고 목소리를 높이고는 했다. 그것은 꼭 몇 년 전 개그프로 '용명 티'에 나오던 '똑똑한 동생과 띨띨한 형'의 모습이었다.
어떤 때는 띨띨한 동생과 똑똑한 형이 바뀌기도 했다. 두 아들의 이런 입담이 재미있어서 내가 말했다.
"니들은 꼭 개그맨들 같아."
그것마저 그 가시나가 나타나면서 다 가지고 가 버렸는지, 나랑 큰 애랑 같이 있는 집안은 둘이 심드렁하니 앉아서 못난 모지리 험담하는 정도였다.
매일 여자 친구와 전화하는 시간이 길어지니 우리와 나누는 대화는 '보고' 수준에 불과했다.

그렇다고 녀석이 여자 친구랑 만나서 맛있는 것을 먹으러 다니냐 하면 그것은 아니었다. 만나서 뭘 먹었느냐고 물으면 당근으로 요리한 것과 어떤 때는 가지를 쪄서 만든 음식을 먹었다고 했다.
"뭔 메뉴들이 그렇냐, 그런 것도 돈 주고 사 먹냐?"

여자 친구가 당근과 가지를 좋아해서 그것을 먹으면서 맛있다고 감탄하는 통에 그런 종류의 식당만 찾으러 간다고 했다.
언젠가는 서울에서 당근으로 만든 케이크를 검색하더니, 그것을 싣고 세종으로 내려갔다. 이를 본 큰아들은 어이구 저것이 남자 망신 다 시킨다고 고개를 절레절레 흔들었다.

사진 찍는 것을 좋아하지 않는다는 그 가시나 때문에 여태 둘이 찍은 사진이 없었다. 어쩌다가 선심 쓰듯이 보여주는 사진은 내가 영 못마땅해했다. "응, 이쁘네, 요즘 아가씨들 다 예쁘잖아, 피부도 뽀얗고."
자기 여친을 입이 마르도록 칭찬해 주지 않았다고 그러는지 다음부터는 사진을 신줏단지 모시듯 감춰버렸다.
"울 엄마는 말이야, 보여주기만 하면 전국구로 만들어버리는 재주가 있어서."
감추는 이유를 말해주었다.
"근데, 10월에 같이 사진 찍기로 했어."
먹잇감 주듯이 던져주는 정보는 사진 가뭄에 감지덕지였다.

작은아들의 그녀가 책을 좋아하고 식물 키우는 것이 재미있어 한다는 이야기를 큰애가 듣고는 말했다.
"야, 너 그러다가 우리 집에 화분 사 오는 거 아냐? 네가 키울 것 아니면 사 오지 마라."
어느 날은 녀석이 나보고 자기 여친에게 '가시나'란 말 안 했으면 좋겠다는 의사를 전달하니 큰아들이 듣다가 끼어들었다.

따뜻한 별 하나

"그러면 머시마라 할까, 경상도에서는 여자아이를 가시나라 하기도 해. 어떠냐, 부르기도 쉬운데."

입담 좋은 큰 녀석이 내 든든한 조력자(?) 역할을 충분히 해주었다. 그 이후로는 가시나라는 애칭 대신에 어쩌다 내 맘이 동하면 그녀의 이니셜을 넣어서 불러 주기도 했다.

그녀가 다 읽은 책을 빌려주는 일이 종종 있었다. 군대 전역 이후에 책 한번 읽지 않던 녀석이 그래도 빌린 책을 끝까지 읽어 보려고 낑낑대는 모습도 볼만했다. 다음에는 '박완서 수필'을 빌려준다는 얘기를 듣고 말했다.

"그건 네 나이 또래의 남자가 읽는 책이 아니야. 너는 언젠가 엄마랑 같이 읽은 천명관 책이 훨씬 박진감 넘치고 재미나지 않디? 그분 책은 다 빌려서 읽었잖아. 이번에 '남자의 인생'이 나왔더라. 엄마가 읽고 너 읽으라고 올려뒀는데."

녀석은 대꾸도 안 했다. 얼굴에 반하면 마음을 빼앗기고, 마음에 반하면 영혼을 빼앗긴다고, 둘 다 줘버렸는지 점점 본인의 정체성을 잃어갔다.

어느 날 큰 아들과 같이 도서관을 가다가 녀석이 말했다.
"엄마 저것을 '상일동 모지리'라 하면 어때?"
"오! 그래, 모지리 좋아. 속이 시원하네."
에어컨 빵빵하게 틀어 놓은 차 안에서 둘이 땀나게 웃어버렸다.

언제부터인지 작은아들은 집 사려고 돈을 아낀다는 소리를 했다.

"네가 그렇게 쓰고 다니는데 어느 천년에 집을 산다니."
그녀와 광교 근처 호수공원에 갔다 왔다고 말해주었다.
"엄마, 호수는 멋있는데 집값은 너무 비싸."
"처음부터 신도시를 보고 다니니깐 그렇지, 밑에서부터 차근차근 밟고 올라서야지. 너희들 나이에 처음부터 멋있게 시작하는 사람이 얼마나 되겠니."
예전에는 울 엄마 바다 좋아하니 내가 돈 많이 벌어 해운대에 근사한 아파트 하나 사 줄게 했는데, 이제는 언제 그랬냐는 모습이다.

추진력도 좋고, 열정적이고 순수한 아들은, 1 더하기 1은 2가 되는 게 아닌, 마음만 먹으면 시너지효과가 좋아서 3이 되고 4가 되게 하는 배짱이 있다.
녀석은 이제부터 인생의 방향을 광교에 집 사는 것으로 잡고 겉으로는 허허실실해도 그녀를 위해서 열심히 살 것이다.

# 상일동 모지리 2

"엄마, 해도 해도 너무한 거 아냐?"
"뭘?"
"어떻게 내 생일인데 축하 인사는 한 번도 안 해줘? 내 휴대전화기는 축하 문자로 종일 바빴는데."
"엄마는 원래 음력생일 챙기잖아. 나도 정신없었어, 오늘이 동지잖아. 팥죽 끓여서 전철 몇 번 갈아타고 아빠 사무실에 갖다주고 왔어. 근데 너는 엄마에게 낳아주셔서 고맙습니다, 라고 해야 하는 거 아니니?"
"그렇네, 그래도 그렇지."
"형도 양력 생일 때는 아무 얘기 안 했어."
"형은 축하한다고 했던데. 내가 가족 카톡에서 찾아봤어."
"…."
"근데, 엄마가 팥죽 끓이면서 우리가 작년 동지冬至 때는 뭐 했나 생각해보니깐, 그때는 네가 아빠, 엄마 바다 구경시켜준다고 같이 속초 가서 하루 있다가 왔더라. 형은 이직 준비한다고 책상에 코 박고 있어서 같이 못 갔고. 속초 중앙시장에서 튀김도 사고, 회도 먹고 다음 날 새벽에는 오랜만에 일출도 봤지. 집으로 오면서 그때는 아기 동지라 팥죽이 아닌 팥떡 먹어야 한다고 해서 동네 떡집 앞에 너랑 앞뒤로 줄 서 있는데 어찌나 떨었던지,

생각나? 추워서 발도 동동거리고. 돌이켜보면 그때가 엄마의 봄날이었지 싶다. 요즘 너 하는 꼬라지를 보니."
"그래서, 1년 가까이 만난 너 여자 친구는 뭘 해줬는데?"
"출근할 때 생일 축하한다고 축하 노래를 세 개 버전으로 불러주고 편지도 보내주고 달달했지."
"좋았겠네. 그럼 됐지 뭐."

내가 요즘 작은아들한테 좀 서운한 사건이 있었다. 얼마 전 여친을 만나고 온 녀석이 우리 콩떡이가 이것 선물로 줬다면서 꺼내 놓은 것은 도톰하고도 얌전한 양말 다섯 켤레였다.
양말을 형이 신지 못하게 빨아서 자기 방에 두라는 거였다. 나는 그렇게는 못 하겠다고 강력하게 거부했다. 네가 샤워할 때 빨아서 방에다 널어놓고 아침이 되면 짝 맞춰서 신고 나가라는 의사를 분명히 밝혔다.
녀석이 생각해도 그것은 귀찮은지 그럼 세탁기에 넣고 돌리겠다는 거였다.
"양말 한두 켤레 갖고 세탁기 돌린다고? 아예 셔츠도 바지도 다 사달라고 해라. 세탁해서 네 방에다 줄줄이 널어놓고 말려서 입고 다니면 되겠다. 어때, 괜찮은 생각이지? 엄마도 이제 좀 편해지겠네. 잘 됐다."
"아, 알겠어, 알겠다고."
쉽게 백기를 들었다.
"웬일이냐, 순순히 물러나네."
"안 그러면 엄마가 또 두고두고 뭐라 뭐라 할 것 같아서."

**따뜻한 별 하나**

녀석이 항복했다. 날씨가 추워지면 도톰한 양말을 사서 서랍에 쟁여놓았는데 눈을 감고 다녔나 저것이, 어느 때는 양말을 새로 사 와서 색깔 괜찮지? 해도 본척만척 하더니.

언젠가는 퇴근하고 온 녀석이 닭가슴살을 먹는데 표정이 좋지 않았다. 둘이 싸웠냐? 회사에서 무슨 일 있었냐? 아니면 차에 문제가 있냐고 다그쳐도 묵묵부답이더니, 콩떡이가 아파서 링거를 맞았다고 했다.
"아이고 어쩌냐, 찰떡이는 가슴이 미어지겠네. 그래서 닭가슴살이 넘어가지 않고 입 안에서 뱅뱅 맴돌았구먼."
내 말에 녀석은 놀리지 말란다. 나는 링거를 맞았으면 다 나은 거라고 걱정 안 해도 된다고 말해주었다.
"너는 최근에 어땠니? 30년 동안 한 번도 안 나오던 코피가 수시로 터져서 오른쪽 왼쪽 콧구멍에 바꿔가면서 휴지로 틀어막고 다녔잖아. 그래서 한약방에 가서 약도 한 제 먹었던 거고."
"사랑, 그거 쉽게 보여도 절대로 만만한 거 아니다. 체력과 정신의 소모가 극대화되는 작업이 사랑하는 일이야. 오죽했으면 정현종 시인이 '방문객'이라는 시에서 '사람이 온다는 건 실은 어마어마한 일이다. 그는 자기의 과거와 현재와 미래가 함께 오기 때문이다'라고 했겠어? 만나는 사람에게서 나와 비슷한 가치관을 발견했다면, 부드러운 감성 코드가 맞는다면, 그 폭발력은 상당하지. 아마 감당하기가 쉽지 않을걸. 그런데 너네는 어떻니? 서로 닮은 사람이 왔으니 폭풍이 몰아치겠지. 퇴근하면서 한 시간가량을 통화하지, 집에 와서 밤 9시 30분부터 11시까지 또 방문처 닫고 전화 놀이하지, 주말이면 날 새기 무섭게 뛰쳐나가지, 무슨 체력으로 버티겠냐? 정신과 육체가 쉴 틈이 없으니…. 언제 전화 올지 몰라서 헬스 끊어놓고도 못 나가잖아. 가끔 혼자만의 시간도 가져봐야 그 사람이 더 귀해지고 사랑도 성숙해지는 거야. 통속적인 말 같지만, 법구경에는 사랑하는 사람도 갖지 말고 미워하는 사람도 갖지 말라고 했어. 사랑하는 사람은 못 만나 괴롭고 미워하는 사람은 미워해서 괴롭다고. 사랑하는 일이 열락의 기쁨이라면 누군가를 미워하는 것은 인간성을 한없이 피폐하게 만드는 것이라 그렇겠지."

 녀석은, 울 엄마 또 '꼰대'(?) 같은 말을 한다는 표정을 짓더니 대꾸도 하지 않고 방으로 들어갔다. 나는 여자 친구가 수액을 맞았으니 괜찮을 거라고는 했지만 그래도 걱정이 됐다.
 조금 있으니 여자 친구에게 전화가 온 것 같아서 작은아들의 방문 앞에서 몰래 엿들었다.
 "괜찮어? 죽 먹고 한 숨자고 나니 좀 나았다고? 다행이다."
 "뭐, 뭐라고, 내가 얼마나 아프냐고? 아냐, 나는 다 나았어. 엉? 그게 아니고 네가 얼마나 아픈지 물어보라고…?"
 "어이구….”

# '상일동 모지리' 3

두 아들을 출근시키고 잠시 쉬고 있을 때 전화가 왔다.
"엄마, 노트북이 없어졌어."
작은아들은 자기 방과 지하 주차장으로 가 보란다. 순간 가슴이 턱 막히며 머리를 한 대 얻어맞은 듯 눈앞이 노래졌다.
이건 마치 전쟁터에 나간 병사가 총 칼을 두고 간 것과 맞먹는 상황이리라. 뭐 갖고 일하냐 물어보니, '사무실 거'라는 짧은 대답이다.
차에 찾아봐도 보이지 않는단다. 혹시 어제 퇴근하고 들른 곳 없냐니깐, 카페에서 잠시 급한 일 처리해 줬는데 거기에 두고 왔나보다 한다.
아직 시간이 일러 알아볼 수는 없고, 좀 있다가 연락해 보겠단다. 저것이 정신을 어디에다 두고 다니나, 넋이 빠졌네. 그래 맞아, 이럴만한 이유가 분명 있었지.

만난 지 2년 된 동갑인 여자 친구가 얼마 전에 자기 집에다 '모지리'의 실체를 알렸다고 했다.
여친 엄마는 곱게 키운 딸을 서울까지 시집보내야 한다는 현실이 서운해서 울고, 아빠는 사윗감 생겼다고 반가워하시면서 말씀하셨단다.

"O 서방, 한 번 데리고 와라."

그 말은 들은 큰 녀석은 놀려댔다.

"이제부터 너는 O 서방이 되는 거네. 좋아 한번 달려보자고."

이제는 온전히 나만의 내 아들이 아닌 누군가의 사위가 되어야 한다니, 나는 한동안 섭섭해서 눈물을 그렁그렁 달고 다녔다.

가끔 큰 녀석은 핀잔을 주었다.

"너의 존재를 언제 그 집에 알릴 거냐고? 그 집에서 네가 이 지구상에 존재한다는 사실조차도 모르잖아. 알고 나면 아마 기절하실걸."

작은 녀석도 그 말을 들을 때마다 어쩌면 반대할지도 모른다는 생각을 했나 보았다. 걱정하던 일이 2년 만에 해결이 됐으니 바깥 날씨는 한겨울인데도 녀석의 가슴에는 살랑살랑 5월의 훈풍이 불고 있었다.

그의 여자 친구가 그동안 자기 부모님께 알리지 못한 것은 '언니가 아직 남자친구가 없는 것도 있고, 고향을 떠나 혼자 사는 과년한 딸이, 사귀는 남자가 있는 것을 알면 노심초사할 부모님을 걱정시키고 싶지 않다'라는 것이 이유라면 이유였다.

아마 그 내면에는 그동안 녀석을 지켜보자는 심산도 한몫했으리라. 내가 그 부분을 이해했던 것이, 나도 남편 만나기 전에 밑으로 둘 있는 여동생들은 남자친구가 있었다.

둘은 내 눈치를 보면서 속닥거리니 그러잖아도 허기졌던 내 속은 허구한 날 부글부글 끓거나 아니면 시궁창이었다.

"엄마 쟤들은 신기해. 둘이 똑같아. 조금 질릴 때도 됐는데, 시끄러워 죽겠어. 부모님이랑 살고 있으면 눈치도 좀 보고 해야 하는 거 아냐?"
"얼마나 좋으면 저러겠니? 여자 친구가 혼자 있으니 외롭기도 하고, 거리가 멀어서 애틋한 것도 있을 거고, 누구 말할 것도 없다. 너도 여친 생기면 그럴 거다. 너는 안 그럴 것 같지?"
큰 녀석을 달랬다.

모지리가 언젠가, 여친의 언니와 밑의 남동생은 호칭을 어떻게 부르느냐고 물었다. 그동안 둘만이 꾸려가던 알콩달콩한 꽃밭에 훅 치고 들어오는 낯선 세계가 주는 부담감이 어색하면서도 놀이공원에서 회전목마를 탄 것처럼 녀석의 심장은 벌렁벌렁 부풀어 오를 때 같았다. 그럴 때 '노트북' 사달이 난 거다. 다행히 퇴근길에 가끔 들르니 기억했는지, 카페에서 잘 보관하고 있더란다.

언젠가는 여자 친구랑 한남동으로 궁합 보러 갔는지, '이렇게 좋은데 어떻게 결혼을 안 했지?' 하더란다.
"형 좀 어떻게 해 봐. 저렇게 있으면 나는 언제 결혼하냐고? 요즘은 예식장 잡고 준비하는데도 1년은 걸린다는데."
작은아들은 나를 보기만 하면 들들 볶았다.
"가만히 좀 있어 봐, 형도 소개팅 다니잖아. 성격상 야무지고 꼼꼼하게 고르려고 하더니 너 때문에 더 심란하겠다. 그런데 너 결혼할 돈은 있니?"
녀석은 알아서 할 거라고 큰소리치면서 말했다.

"어이구, 우리 형은 다 좋은데 깐깐한 성격 때문에."

"그랬으니깐 오늘 같은 날이 있지. 너처럼 헐렁헐렁 살았어! 봐 가족들끼리 이런 이야기도 웃으면서 할 수 있겠니?"

나는 옆에서 빨리 형 치워달라고 보채는 녀석을 위로한답시고 모지리를 달래고 있었다.

"똥차가 앞에 있으니 너도 답답하지? 형도 노력하고 있으니 곧 여자 친구가 생기겠지."

그때 큰아들 방문이 홱 열렸다.

"엄마, 아들한테 똥차가 뭐야? 똥차가, 빨리 사과해! 내가 결혼 안 하고 싶어서 안 했어? 빨리 사과해!"

큰아들 말에 가슴이 철렁 내려앉은 나는 말했다.

"어머 들었니? 미안, 똥차가 아니고 롤스로이스!"

녀석은 씩씩거리다가 금세 누그러졌.

가끔 소개팅을 갔다 온 큰 녀석은 툴툴거렸다.

"끌리는 데가 없어, 사람은 좋아 보이는데 내가 그 여자분한테 더 궁금한 것이 없어. 이렇게 되면 내 연애 세포가 반응을 안 하는 거잖아. 이상하네, 쟤들은 어떻게 한 번 만나고 저렇게 됐지."

나는 속으로 네 성격이 하루아침에 바뀌겠니? 내 속에 천불이 나도 기다려야지 했다.

어느 날 모지리는 자기 여자 친구가 지인들을 소개해주려고 찾아보고 있단다. 그 말을 들은 큰 녀석은 예전 같으면 이렇게 말했을 거다.

따뜻한 별 하나

"너 도움 없어도 돼. 자존심 상하게."

또 언젠가는 세종은 너무 멀다, 경기도까지만 하며 인심을 썼다.

"요즘 세종은 수서에서 SRT 타면 40분이니깐."

큰아들은 더 비워냈다. 그렇다면 우리 가족의 염원인 큰 녀석 '여친 만들어주기 프로젝트'는 선택의 폭이 조금 더 넓어지겠다.

# 상일동 모지리 4

 인형을 좋아하던 작은 녀석이 결혼 전 신혼집으로 짐을 옮기면서 토끼 인형을 주고 갔다. 몇 년 전 제주도로 가족여행 갔을 때 샀던 검은 토끼가, 해녀 복장을 하고 머리에는 오렌지색 모자를 썼다.
 우리 집 아들들은 아기자기한 아빠를 닮아 인형을 보면 아이처럼 반가워했다. 쇼핑하면서 남자들이 보이지 않으면 인형 앞이거나, 신형 차 진열대 앞이거나, 전자제품매장을 찾아가면 된다. 심지어 여행 가서도 스타벅스 매장에서 판매하는 인형을 나라별로, 지역별로 수집했다.

 이 인형을 보니 작은아들이 중학교 때 수학여행 가기 3일 전에 아빠를 졸랐다.
 "엄마가 나 보고 싶으면 보라고 토끼 사 주자."
 녀석이 사 온 토끼 생각이 났다. 나는 수학여행 갈 짐 챙겨주면서 빨리 옷 입고 준비하라고 다그치는데도 아들은 만화책에다 시선을 두고 뭉그적거리고, 녀석의 그런 마음을 아는 나도 서운해서 눈을 맞추지 못하고 있었다.
 아마 아들과 내가 처음으로 며칠 떨어져 있어야 하니 그럴 만도 했다. 그런데 어떻게 토끼를 사 놓고 갈 생각을 했는지, 꼬물꼬물한 생명을 선물이라고 내놓은 생각이 기특했다.

　집이 좁아 토끼를 키울 공간이 없어 베란다에 풀어 놓았는데 배설물 냄새가 지독했다. 밖에 있다가 집에 들어오면 더 심했는데, 베란다 창문을 열어 놓고 키워도 소용이 없었다.

　특히 베란다에는 화분이 많았는데 녀석은 놀이터라도 되는 듯이 오르내리면서 흙밭에 뒹구니 집토끼가 야생토끼가 되었다. 지저분한 몸으로 굴러다니니 베란다고 거실이고 흙먼지로 버석거렸다.

　냄새도 심한 어느 날, 나도 참는 것에 한계가 있었던지 남편에게 토끼 목욕을 좀 시켜주라고 했다. 화분 위를 묘기 부리듯 넘나드는 녀석이 목욕한 다음 날은 기운 떨어지는 노인처럼 올라가지도 못하고 미끄러지고, 꼬꾸라지고 했다. 영문을 모르는 난 먹이만 주며 지키고 섰는데 먹지도 못했다.

　수학여행 갔다 온 아들이랑 큰 녀석이랑 택시 타고 동물병원에 갔다. 엑스레이 찍고, 주사 맞추고 했는데도 별 효험도 없이 작은아들 품에 안겨 집으로 왔다.

　아들은 토끼를 안고 큰 소리로 한참을 울부짖었다.

　"하느님, 우리 토끼 좀 살려주셔요, 토끼가 죽어가고 있어요."

　베란다에 서서 하늘을 보며 울부짖는 아들의 절절한 기도에도 아랑곳없이 토끼는 더 이상 꿈틀대지 않았다.

　작은녀석은 형이랑 아빠와 뒷산에다 토끼를 묻어 주고 나서 자기 방으로 들어가 나오지 않았다. 그것이 아들에게는 생명 가진 것과의 첫 번째 이별이었다.

또 언젠가는 아이들이 유치원 다닐 때 친정아버지 기일이라 우리 가족들과 여동생네 가족이 고속버스를 타고 내려가다가 휴게소에 들렀다.

화장실에 갔다가 버스를 타고서야 녀석이 손에서 놓지 않던 붉은, 텔레토비 '뽀야' 인형이 없어진 것을 알았다. 깜깜한 밤, 버스는 출발해 버렸는데도 아들은 자리에 앉지도 못하고 대성통곡했다.

화장실에서 외사촌 형이 잠시 갖고 있겠다고 했는데, 놓고 와 버린 듯했다. 얼마나 서럽게 우는지, 앞좌석, 뒷좌석에 앉은 우리도 줄줄 울고 있었다. 다행히 기사님과 승객들 누구도 뭐라고 말하지 않았다.

그랬던 녀석이 결혼한다고 짐 나가기 하루 전날 짐 다 쌌는지 베개 들고 찾아왔다.

"엄마"

목소리가 울먹이고 있었다.

나는 한 달 전쯤 그가, 몇 월 며칠에 짐 나간다고 통보하는 날부터 울고 다녔던 터라, 짐 싸는 소리 들으면서 빨리 싸 놓고 들어가서 자라고 했는데 불쑥 들어오니 반가우면서도 당황했다.

예전에는 아빠가 당직하면 가끔 작은아들과 잤는데, 여친 생기고부터 달라졌다.

"엄마가 혼자 자면 무서우니 같이 자자."

애원해도 꿈쩍도 안 해서 서운했는데 아들이 어느 틈에 오니, 나는 까닭 모를 기쁨과 슬픔이 교차했다. 옆에 온 녀석을 안아주면서 말했다.

"지혜롭고 예쁘고 속 깊은 재인이랑 재미나게 살아라."

"엄마, 잘 키워주셔서 고맙습니다, 아빠랑 여행도 다니면서 즐겁게 살아요." "집 사는 데 별 도움이 못 돼서 미안해. 대신 아기 낳으면 키워줄게."

"훌륭한 부모 밑에서 잘 컸습니다. 나도 이제 성인인데 내 인생 내가 헤쳐 나가야지요."

녀석은 몇 번이고 콧물과 눈물을 닦았다. 그때가 새벽 2시였다.

퇴근하면 짐 가지고 신혼집으로 가야 해서 출근하기까지 잠을 4시간밖에 못 자는 녀석을 위해 더 이상 내 눈물은 삼켜야 했다. 녀석을 안고 토닥토닥해 주니 몇 번을 더 꿀렁이면서 잠이 들고 나는 거실로 나와 새벽을 맞았다.

녀석은 아무 일도 없었다는 듯 씩씩하게 일어나서 씻고 밥을 먹고 출근했다.

지인이 자식 결혼시킬 때 울 만큼 울어야 결혼식 날에 더 이상 눈물이 나오지 않는다고 하더니 그것도 아니었다. 지금도 아들이 주고 간 토끼 인형을 보면, 살갑던 녀석이 애교부릴 것 같다.

"우리 뷰."

하면서.

# 그곳에 두고 온 이야기

　핀란드 헬싱키 공항으로 가는 비행기의 창밖, 30,000피트 아래로 모래언덕이 끝없이 펼쳐진 몽골사막이 보이고, 조금 더 날아가니 태고의 신비를 간직한 시베리아의 만년설이 그림처럼 펼쳐졌다.
　영화에서나 보았던 설산을 실제로 보니 믿어지지 않을 만큼 어마어마한 크기였다. 한여름에도 녹지 않는다니, 그 굳건한 침묵이 경이로웠다.
　9시간의 비행이 끝날 즈음, 저 멀리 수평선이 보이고, 희뿌연 해안가를 지나갈 때 옆에 앉은 큰아들이 말했다.
　"저기가 핀란드만."

　헬싱키 공항에서 스페인 바르셀로나로 가는 비행기 안에서는 내 신경이 극도로 예민해지는 사건이 있었다.
　우리가 앉은 앞줄 4명의 유럽 남자들과 그들의 바로 옆 통로 건너편에 앉은 3명의 남자는 같은 일행인 듯했다.
　2시간의 비행 동안 쉴 새 없이 술과 안주를 주문해서 먹더니 내릴 때까지 계속 떠들어 댔다. 특히 우리 앞에 앉은 남자는 술에 취해 잠시도 쉬지 않고 목소리를 높이니 미쳐버릴 지경이었다.
　목소리도 크고, 덩치 또한 어찌나 풍풍한지, 아무도 제지하거나 주의를 환기하지 않았다. 경비행기라 질서가 느슨해서 그런가, 오히려 쉴 새 없이 술과 안주를 구매해 주니 승무원들은 더 친절하기만 했다.

그들이 떠드는 소리에 짜증이 난 나는 급기야 두 손으로 귀를 막아버렸다. 내리면서 보니 그들 앞줄에 앉은 한국 여행객은 듣기 싫어서 귀마개를 했다고 나에게 손짓으로 알려주었다.

걸어오는 동안에도 일행들과 우리 뒤를 따라오면서 계속 떠들고 있어 속이 다 울렁거렸다.

공항버스에서 내리니 밤비가 내리고 있었다. 콜럼버스의 동상이 있는 렘브란트 거리에서 숙소를 찾으려고 검색해도 구글맵이 뜨지 않았다. 무거운 가방을 끌고 다니자니 낮에 비행기에서 겪은 그 남자들 일까지 겹쳐서 짜증이 났다. 큰 캐리어 안에는 작지만 무거운 황토 전기요를 하나씩 넣고 손에는 우산까지 들었으니 더 그런 것 같았다.

같이 움직이니 시간이 지체되는지 아들은 혼자서 알아본다고 나더러 짐 좀 지키고 있으라고 했다. 늦은 밤, 녀석을 기다리고 있자니, 나보다 두 세배나 큰 건장한 남자들이 검은 옷을 입고 정신없이 오가니 겁이 났다.

전화가 되기를 하나, 말이 통하기를 하나, 만약 무슨 일이 생긴다면 나는 속수무책으로 끌려가겠다 싶었다. 조금 있으니 숙소를 찾았는지 아들이 우산을 쓰고 나타났다. 긴장했던 탓인지 다리가 풀리고 눈물부터 났다.

나는 다음부터는 나 혼자 두고 가지 말라고 일렀다.

여행 첫날, 삼만 보를 훌쩍 넘기며 걸었던 바르셀로나 시체스 해변의 일몰은 압권이었다. 벤치에 앉아 파스텔 색조의 바다 저 멀리 흰 돛단배가 망망대해에 홀로 떠 있다가 사라졌다 다시 떠다니기도 했다.

그것은 손에 잡힐 듯 잡히지 않는 물거품 같기도 하고, 내가 꿈꾸었던 부질없는 희망 같기도 해서 슬픔이 차올랐다. 하지만 물거품 같은 그 희망도 나의 것이었고, 감히 꿈이라도 꾸다가 속절없이 무너져버린 그 허무도 내가 감당할 나의 몫이었다.

나는 이 해변 모래 속에다 한때는 내 희망이었던 것들을 묻고는 작별을 고했다. 아들은 직장 이야기며 학교 다닐 때 친구들과의 추억을 들려주면서 친구들과 같이 오면 즐거운 일이 많기는 한데, 엄마랑 오니 편안해서 좋다고 했다. 자기 회사에서 여행 표가 나왔을 때 맨 먼저 가족이 떠올랐다는 아들.

내가 힘들까 봐 내 손가방을 여행 첫날부터 끝나는 날까지 어깨에 걸치고 다녔다. 녀석은 손에 들고 다니는 것을 싫어하는 '자존심 중시'인걸 아니깐 더 고마웠다.

나는 결혼 후 5년이 되도록 임신이 되지 않아 마음 고생한 이야기를 했다. 시장 갈 때도 임산부가 오면 다른 길로 돌아서 가버린다든지, 예쁜 아동복 가게 앞은 한 번도 맘 편히 지나가지 못했다고 했다.

그러다가 오랜 시간이 지난 뒤에, 병원에서 임신 소식을 들은 너의 아빠가, 온 집을 프리지어꽃으로 꾸며 주더라고 들려주었다.

바르셀로나 축구장이 있는 Call blanc 역으로 가는 전철은 어찌나 오래됐는지 이대로 가다가는 전철이 멈추지 않을까 겁이 났다. 족히 100년은 된 것 같았다. 그런데다 역사驛舍 또한 얼마나 낡고 어두운지, 우리나라의 밝고 깔끔한 역사와 친절한 전철 안내판이 새삼 고마웠다.

우리가 도착하기 하루 전날까지, 일주일 동안 내렸던 비로 인해 지하철 입구로 가는 계단은 온통 지저분한 나뭇잎이랑 흙탕물 천지였다. 우리나라라면 하루만 지나도 말끔하게 정리가 됐을 텐데….

세계적으로 명성이 자자한 FC바르셀로나 축구장에 도착했다. 아들의 숙원이 해결되는 듯했다. 스페인 여행을 결심한 이유도, 이곳에 한 번 서 보려고 준비했다니, 녀석은 흠모하는 연인을 만난 것처럼 자제력을 잃고 있었다.

에너지를 받는 느낌은 '메시'의 사진 앞에서 수없이 셀카를 찍고 있다는 거다. 평소에는 사진 찍는 것을 싫어하는 그인지라 더 이해됐다.

수능시험을 준비하면서도 꼭 '스포츠뉴스'만은 챙겨 볼 정도로 열성 팬이더니, 그가 뛰는 경기는 밤을 새워서라도 응원하는 것은 당연했다. 그는, 메시가 연습하는 연습장을 보고 나니 더 감회가 새롭다고 했다.

더구나 유럽은 우리나라와는 반대쪽에 있어 쉽게 와 볼 수도 없는 곳이니 더 간절했던 것 같았다. 또 그곳은 역대 선수들이 그동안 받았던 우승 트로피를 전시해 두는 곳이기도 했는데, 전시된 트로피와 우승 장면을 담은 멋진 사진들은 축구 애호가가 아닌 내가 봐도 가슴이 벌렁거렸다.
 FC바르셀로나 가게에서는 모형과 유니폼과 다양한 상품들을 팔았는데, 녀석은 같은 메시의 팬인 이종사촌들에게 줄 선물을 산다고 바빴다.

 다음날은 천년의 역사를 간직한 세고비아에 갔다. 그곳은 마치 동화 속 마을 같았다. 시간이 정지한 듯 평화로웠다. 수도교 위, 한쪽 귀퉁이에서 그림을 그리고 있는 긴 머리를 한 소녀와 길게 쭉 뻗은 그녀의 다리가 늠름한 수도교와 잘 어울렸다.
 마지막 일정은 마드리드였다. 숙소에서 가까운 스페인공원에 있는 돈키호테와 산초 동상을 본다고 그곳에 도착하니 늦은 밤이었다. 주위는 깜깜했다. 가로등이 켜져 있는지 의심할 정도로 어두웠다.
 동상을 잘 보려고 큰 나무 옆으로 돌아가니 연인들이 키스하고 있었다. 민망한 나는 자리를 피해버리고, 아들은 갖고 간 카메라에 동상을 더 담으려고 바삐 움직였다. 녀석은 여행을 준비하면서 '돈키호테'를 읽고 있어 더 애착이 가나 보았다.

 그 후 가끔 TV에서 스페인을 보게 되면 아들과 함께 한 날들이 떠오른다. 그곳의 볶음밥인 '바에야'를 집에서 만들어주었더니 엄마가 해 준 게 더 맛있다면서 엄지손가락을 세워주던 아들이었다.
 세비야에서 만난 한국 여행객 덕분에 오렌지를 갈아서 먹을 수 있는 곳도 알게 됐고, 바르셀로나시장에서 먹던 추로스도 생각났다. 세고비아의 옛 성곽을 거닐며 나눴던 아들과의 얘기도, 프라도 미술관 2층에서 공포와 광기가 어린 눈으로 아들을 잡아먹는 고야가 아닌, 푸른 하늘 흰 구름 쉬어가는 곳에서 친구들과 즐거워하는, 고야의 어린 시절 그림 앞에서 한참을 쉬었다 오기도 했던, 그날이 그리워지는 요즘이다.

# 너와 나의 해방일지

 오후 3시, 이직을 위해 4차 임원면접을 끝낸 큰 녀석을 데리고 평소에 다니던 아차산 암자를 찾았다. 올해도 몇 번의 면접을 보느라 지쳐있는 그에게 '힐링'을 시켜줄 생각이었다.
 집에 있으면 결과가 어떻게 나올지 골똘히 생각하느라 심장은 점점 조여 올 테고 마음은 칼날 위에 서 있을 것 같았기 때문이었다. 계획대로 오후 3시, 체내의 천연 진통제 엔도르핀이 높아지는 시간을 택했다.

 '적막이 찾아오거든 차를 끓이세요. 적막이 떠난 척하거든 미친 척 노래를 부르세요, 적막이 또다시 찾아오거든 이번에는 익숙하게 차를 끓이세요. 적막이 또다시 떠난 척하거든 역시 모른 체 하고 익숙한 표정으로 노래를 부르세요. 적막과 숨바꼭질하듯 사는 것이 인생일지도 모르니까요.'
 어느 책에서 읽었는지 기억이 나지 않는다. 의도적으로라도 힘든 시간을 극복해 나가라는 의미겠지.
 그는 거의 6년 동안 가고 싶은 회사에 이직하고자 퇴근 후에는 어김없이 책상에 앉았다. 여러 해, 봄이 꽃을 피우며 지나가도 얄궂은 황사 바람이 불어도 아랑곳하지 않고 이직 준비에 사투를 벌였다.

가족들과 외식 한번 편히 하지 않더니 가족사진에 그는 늘 빠져있었다. 한가하게 앉아서 밥 먹고 차 마실 시간이 없다는 이유였다.

어느 해는 면접 3~4차에서 떨어지면 그도 나도 우울함이 찾아오는지 말이 없었다. 그 정도로 기대를 했기 때문이겠지.

둘 다 각자 방 안으로 들어가서 행적도 말도 감춰버렸다. 그러다가 며칠 지나면 같이 방문을 열고 나와 둑길을 산책한다든지, 한강 드라이브하고 다시 시작했다.

내가 나의 아픈 손가락(?)에 쩔쩔매는 이유가 있었다. 그가 대학 4학년 때 공부를 더 하고 싶어서 대학원을 가고 싶다고 했을 때, 집안 형편상 반대를 했던 것이 마음에 걸렸다.

가족들도 그렇고 주변에서도 지금 있는 회사도 괜찮으니 정붙이고 다니라고, 서른셋 젊음이 아깝다고 하면, 원하는 곳 들어가기 전까지는 소개팅도 여행도 친구들과의 술자리도 다 금지할 거라고 선언했다.

지금 도전해 보지 않으면 두고두고 후회할 것 같다는 것이 그의 지론이었다. 나는 왜 그렇게 외국기업체에 집착하느냐고 물었더니 아들이 말했다.

"그런 글로벌 직장은 한국에서 다룰 수 없는 업계에서 가장 중요한 기술을 배울 수 있고, 본인만 노력하면 얼마든지 경력 개발에 도움이 되는 부서로 이동할 수 있다."

반도체 장비업체에 엔지니어로 있는 큰아들의 목표는 외국 최고 업체만이 가진 반도체 제작을 위한 핵심 기술 원서를 읽는 게 꿈이란다.

　벽 하나를 사이에 두고 작년부터 여자 친구가 생긴 작은 녀석은 눈치 없이 하루에 두 시간째 전화 놀음하기에 바쁘고 큰아들에게 눈치가 보인 나는 작은아들에게 주의시키지만, 시간이 지나면 다시 목소리가 높아지기를 반복한다.
　그러면 큰아들은 '귀마개' 끼고 공부하니 신경 쓰지 말라고 우리를 안심시켰다.

　작년 여름휴가 즈음해서 작은아들에게 이직 제의가 왔었다. 대학원 선배는 세계 최고의 반도체 설계 회사에서 프로젝트를 구상하는데 영어시험만 잘 보면 같이 진행할 수 있을 거라고 공부 좀 해 두라고 했단다.
　그때 내게 딱 떠오르는 옛날 동화가 있었다. '우산 장수와 나막신 장수.' 어느 노파가, 비 오는 날이면 나막신 장사하는 아들 걱정하고, 햇빛 나면 우산 장사하는 아들을 걱정한다는….
　작은 녀석은 집에 와서 그 제의를 거절할 거라고 했다. 대학원에서 선후배들 때문에 힘들었는지, 지금 직장은 분위기도 좋고, 아직 이직할 때도 아닌, 일 배우는 데 집중할 때라는 것이 그의 소신이었다.
　큰아들의 오랜 염원이었는데 작은아들은 거절하고 있었다. 남해 여름휴가 가서도 밤 바닷가를 거닐며 몇 시간째 동생을 설득하는 큰아들을 돌아다 보며 나는 속울음을 삼켰다. '저 아이 맘은 오죽할까!'

큰아들은 출퇴근 때도 옷을 갖춰 입지 않았다.
"엄마, 현장은 다 이렇게 입고 다녀. 현장에서는 좋은 옷이 필요 없다."
"그래도 너의 이미지가 있고 회사 이미지가 있는데 차려입고 다니면 좋잖아."
내가 말해도 그대로 하고 다녔다. 다정다감하고 차분한 녀석이 욕심만 내려놓으면 본인도 행복할 텐데….

남해로 여름휴가 갔다 온 어느 날, 작은 녀석의 진로도 물어볼 겸 평소에 친분 있는, 역학 하는 분에게 가려고 큰아들에게 의향을 물으니 처음에는 완강하게 거절했다.
"엄마가 이 땡볕에 혼자서 어떻게 거기까지 가니, 버스에 내려서 한 참 걸어가는데."
같이 가자고 살살 달랬다. 그러면 들어가지는 않을 거라고 단단히 선언했다. 내가 백번 말해야 무슨 소용이 있을까 싶어 상담 받아보라고 그곳까지 갔는데….
한참 실랑이한 끝에 조심스럽게 같이 들어갔다. 작은 녀석은 붙을 확률이 80%이고 떨어질 확률은 20%라고 하면서 문제는 작은아들이 시험 보고 싶은 의지가 없다고 했다.
의지가 없다는 말에 내심 놀랐다. 작은아들 마음에 들어갔다 나온 듯한 발언이었다. 시험만 어지간히 보면 100% 확률 아닌가. 그분 앞에서 큰아들은 앉자마자 작심한 듯 틀어 놓았다.
"저는 이 나이까지 허투루 살지 않았습니다. 영어 공부를 위해 출 퇴근길에도 뉴스를 영어로 듣고, 가끔 머리 식히려 영화를 보아도 한글 자막을 넣지 않고 봅니다. 그런데 노력도 별로 하지 않은 쟤는 원하는 회사를 들어가고, 그것도 모자라 저렇게 가만히 있어도 이직 제의까지 오고, 저는 정말 속상합니다. 마지막 면접에서 또 떨어지면 무엇이 잘못된 건지 몰라서 혼란스럽고, 어떻게 준비를 더 해야 하는지 난감합니다."

큰아들 말에 역학인이 말했다.

"지금 네가 어떻게 살고 있는지 글자가 말해준다. 너는 길고 캄캄한 터널을 지나가는 중이야. 그런데 내년에 그 터널에서 빠져나올 거야. 햇살이 반겨 줄 거야. 멋진 결과가 주어질 거다. 올가을에 중국으로 출장 간다고 했지?, 거기서 머리 좀 식히고 와라. 출장 온 사람을 힘들게 하겠어? 중국, 가기 싫어도 어쩔 수 없다, 직장이니까. 내년에 보자."

초가을 장대비가 억수같이 내리는 날, 고덕 이마트 앞에서 그와 공항 가는 6300번 버스를 기다렸다. 내가 공항까지 갔다 올 예정이었다.

거기서 지낼 삼 개월 치 짐을 큰 캐리어에 구겨 넣은 채 20분을 서 있어도 버스가 오지 않았다. 검색해 보니 코로나19로 공항버스가 폐쇄되었단다.

부랴부랴 콜택시를 불러 그는 떠났다. 택시에 앉아 멀어지는 녀석의 뒷모습을 보니, 엉겁결에 보내느라 한 번 안아보지도 못한 나는 복받친 눈물이 흘러내렸다. 녀석은 남해 사는 이모에게 전화해서 우리 엄마랑 통화 좀 자주 하라고 당부했단다.

3개월 출장을 마치고 온 그는 다시 시작했다. 주변 지인들을 모두 동원해서 영어면접 보는 자료들도 모아 두었다. 그런 자료가 있는지도 모르고 살았는데 외국 업체에 입사한 선배들이 알려줬단다.

예민한 성격을 고려해 한약도 먹였다. 신경을 많이 쓰면 어떤 날은 퇴근길에 스트레스 때문인지 일시적으로 눈앞이 캄캄해진다고 했다. 그러다 올봄에는 지금 다니고 있는 회사에서 과장으로 승진했다는 낭보도 날아들었다.

마지막 4차 면접은 30분의 시간이 주어진다. 시작한 지 15분 정도 되니 면접관이 말했다.

"만약 우리 회사 입사하면 외국으로 갈 기회가 많다."고 하면서

"합격이 되면 거리가 멀어서 집에서 출퇴근하기가 쉽지 않을 거야."

녀석의 이야기를 듣고 합격을 감지했다. 잔잔한 한강이 내려다보이는 그곳에서 기도를 드리고 굽이굽이 산길을 돌아내려오는 길에 합격 소식을 들었다. 아들과 나는 두 손을 번쩍 들어 녹음 우거진 길에서 하이 파이브를 했다.

그제야 나는 꿈 이야기를 했다. 꿈에 이 절이 보였다고.

녀석은 이직이 되면 평소에 해 보고 싶었던 것을 실행하려고 적어두었던 목록을 꺼냈다. 그 목록에 '엄마 자전거 가르쳐 주기'도 들어 있었다.

얼마 전에는 그동안 책상에 쌓아두었던 공부한 자료들을 밖으로 내놓았다. 비로서 아들도 나도 이직에서 해방된 느낌이 들었다. 나의 아픈 손가락, 수고 많았다.

# 따뜻한 별 하나

작은 녀석이 병원에 입원했다. 남자만 있는 6인실 병실, 맨 구석 자리에 아들 침대가 있었는데 언제부터 유독 눈에 띄는 부부가 있었다.

같은 병실에 있는 환자와 보호자들은 사생활에 방해받지 않으려고 또는 상대의 생활에 침해하지 않으려고 커튼을 치고 있었는데 그 부부는 의사 선생님이 오실 때 말고는 커튼을 걷고 있었다.

한쪽 얼굴과 한쪽 다리에 붕대를 감고 있는 남자에게 그녀는 표정 없는 얼굴로 살랑살랑 부채를 부쳐주는 것을 보고, 저 남자는 평소에 잘 살아왔나 보다. 10월 초순 선선한 날씨에도 부인이 부채를 부쳐주는 것을 보니, 하고 생각했다.

그녀가 입은 티셔츠에 동洞 명칭이 적혀 있는 것으로 보아 아마 운동하는 동호회 복장인가 여겼다. 처음 병실에 들어섰을 때, 남자는 목에 플라스틱 용기를 꽂고 있었는데 기계로 가래를 긁어내는 일을 여자는 수시로 했다.

잠자다가도 남자가 신호를 주는지 벌떡 일어나서 그 일을 하고는 또 아무 일도 없었다는 듯 맨발을 포개고 낮은 보호자용 차가운 침대에 모로 누워서 잤다. 다음 날 오전에는 의사의 회진이 있었다.

허벅지 살을 떼서 얼굴에 붙인다는 얘기로 봐서 남자는 화상을 입었는지, "소변이 나오지 않을 때는 여기를 눌러 주세요."

의사의 말소리가 커튼 속에서 들렸다. 여자분에게 일러주는지 대 소변볼 때 주의 사항이었다.

다음 날 아침, 아들은 다른 검사를 할 게 있어서 엑스레이 촬영실로 갔다. 같은 유니폼을 입은 여자들이 환자가 탄 휠체어를 밀며 줄을 서 있는 게 아닌가. 그때야 그렇게 무표정한 두 사람의 관계를 이해할 수 있었다.

그러니깐 그 여자는 간병인이었다. 가끔 남자가 탄 휠체어를 밀고 화장실 갔다 오는 것을 보고 부부라고 지레짐작을 했었다. 실로 충격이었다.

남자는 오십 중반쯤 되어 보였는데 덩치가 컸고, 여자는 육십 중반쯤 되었나? 자그마한 키에 피부는 하얗고 아담한 체격이었다. 저런 분이 어떻게 덩치 큰 남자를 휠체어에 앉히고 수발을 드는지 가슴이 아렸다. 어쩌다가 이 일을 하게 됐는지, 가족은 있는지, 그래서 냉장고 안에는 비닐에 담겨있는 식은 밥 몇 덩어리와 밑반찬이 있었나? 가끔, 혼자서 보호자용 침대에 앉아 국물도 없는 밥을 먹고 있었다. 후다닥 먹고는 재빠르게 치웠다. 한마디 말도, 둘이 나누는 대화도 없었다.

그녀는 부지런했다. 손에는 비닐장갑을 끼고 걸레를 들고 수시로 사물함과 침대도 닦고, 보호자용 침대를 빼내 바닥도 닦았다. 어떤 때는 냉장고에 밥 가지러 가면서도 걸레로 한 번 문질러 주고는 문을 닫았다.

　나는 언제부터인지 모르겠지만 저렇게 주변을 깨끗하게 하는 분들에게는 존경심이 일었다. 화장실을 가더라도 깔끔하고 정리가 잘 되어 있는 곳에 들어갔다 나오면 '감사합니다, 잘 머물렀다 갑니다.'하는 속 인사를 하는 버릇이 들어서 그런지 그녀가 예사로 보이지 않았다.

　가장 낮은 자리에서 가장 낮은 자세로 가장 숭고하고 향기로운 일을 하는 분들이었다. 그녀는 부채를 들지 않으면 청소하거나, 가래를 긁어내거나, 휠체어를 밀고 나갔다 왔다. 그리고 가끔은 보호자용 침대에 앉아 이어폰을 꽂고 유튜브를 시청했다.

　다음 날은 아침부터 비가 내렸다. 아들은 병원에서 하루 더 상태를 보고 퇴원 결정하자고 했던 터라 또 불편한 생활을 해야 한다는 사실에 기운이 빠졌는지 말이 없었다.

　녀석은, 직장에서 건강 검진할 때 대장에 용종이 발견되어 그것을 제거하고 집에 왔는데 그때부터 열이 올랐다. 병원에 전화하니 혹시 하혈하면 병원에 오라고 했다.

　밤사이 해열제를 먹여 열은 내렸는데, 다음 날 아침부터 하혈하기 시작했다. 토요일이어서 그런지 병원에는 전화도 받지 않았다. 할 수 없이 근처에 있는 대학병원 응급실로 가서 입원하게 된 것이다.

　응급실에서도 아들은 지혈이 되지 않아 당일 늦게 수술을 했다. 이틀이 지나니 하혈이 잦아들어 샤워실에서 머리도 감기고 발도 씻기고, 수건에 물 묻혀서 몸도 닦아주고 병실에 들어와 보니, 싸움이 벌어지고 있었다.
간병인 여자와 간호사와의 언쟁이었다.
"처음 와 몰라서 물어보는데 툴툴대기만 하고, 내 말은 딱딱 끊고, 누가 그 눈치를 모르겠어? 나, 이 일 못하겠어. 그만둘 거야."
여자가 언성을 높였다.
"여사님, 제가 언제 말을 끊었다고 그러세요? 그건 여사님이 오해하셨네요, 그만두실 거면 사람 구해 놓고 그만두시는 거 모르시지는 않겠지요?"
간호사는 맞받았다.
"내가 이 일이 이십 년째야. 그런 거 말 안 해 줘도 돼!"
"저도 십 오 년입니다."
간호사는 휙 나가버렸다. 아마 서로 묵은 감정이 있었던 듯싶었다. 갑자기 병실에는 정적이 감돌았다. 누구 들락거리는 사람도 없었다. 남자는 붕대를 감고 망연자실 천정만 보고 있었다. 그러다가 내가, 볼 일이 있어 복도에 나갔더니 까만 밤, 비 오는 창가에 서 있는 그녀의 수척한 등이 보였다.

얼마나 많은 날을 작고 가여운 영혼으로 앓고 있었을까? 가을비 내리는 이 밤에도 푸르름에 지친 잎들이 그녀의 눈물을 적시며 얼룩져 가리라. 갑자기 눈물이 핑 돌았다. 그녀는 아마도 오만가지 생각이 들겠다 싶었다.
인간사 고해라고 상처받지 않은 영혼이 어디 있겠으며 안락하기만 한 삶이 어디 있겠는가. '아프고, 외롭고, 비통한 비 오는 밤에 헝클어진 감정을 수습하기는 쉽지 않겠지만 당당한 직업인으로 우뚝 서 있으셔야 하잖아요. 어떤 계기가 있어 이 일을 하게 되었는지 모르겠지만 가슴에 따뜻한 별 하나 키우시기를 바래요' 하면서 속마음을 전하고 지나쳤다.

> 당신이 몇 살인가는 내게 중요하지 않다.
> 나는 다만 당신이 사랑을 위해
> 진정으로 살아있기 위해
> 주위로부터 비난받는 것을
> 두려워하지 않을 자신이 있는가
> 알고 싶다. - 중략-

초대/ 오리아 마운틴 드리머

자신을 할퀴던 궂은 밤을 보내고 새날을 맞았는지 아침이 되니 그녀는 또 걸레를 들고 주변을 반짝반짝 닦기 시작했다.

나는 퇴원 준비하면서 고민에 빠졌다. 어떤 인사말을 하고 나와야 할지 몰라서 머릿속으로 해야 할 말을 고르고 있었다. 그 사이에 다른 환자들은 모두 퇴원하고 우리와 그녀만 남았다.

"먼저 갑니다, 수고하세요."

나오는데 작은 목소리가 들렸다.

"네, 몸 건강하세요."

지금도 비 오는 날이면 창가에 서서 처연하게 밖을 보고 있는 그녀의 작은 어깨가 보인다.

# 망했다. 비 온다!

금요일, 도쿄 여행 둘째 날, 일찍 일어나 커튼을 열던 큰아들이 외쳤다.

"망했다, 비 온다."

놀란 우리도 유리창에 코를 대고 이 사태를 어떻게 수습해야 할지 가늠 못 한 채 멍하니 비 오는 거리만 내려다보고 있었다.

맥없이 창밖만 보던 아들이 말했다.

"오늘 후지산 가는 버스 예매했던 것을 취소하고 다음 날로 다시 끊어야겠다."

도쿄 날씨는 우리나라 초가을쯤 되려나, 바람 살랑 불고 햇살은 포근하고 공기는 청명해서 여행하기는 그만이었다. 무엇보다 춥지 않아 좋았다.

토요일, 고속도로는 제법 밀렸, 갑자기 예매하려니 후지산 전망이 가장 잘 보이는 '센겐신사'로 가는 버스표는 우리가 원하는 시간에 없었다. 할 수 없이 낮 12시 30분에 차를 탔다.

차창에서 보이는 시골은 11월 하순인데도 아직 추수가 끝나지 않았는지 들녘에는 노란 알곡들이 듬성듬성 보였다. 가다 서기를 반복하던 버스가 3시 넘어서 한적한 시골 동네에서 멈췄다. 여기서 목적지가 있는 센겐신사까지는 걸어가면 된단다.

차에서 내리니 세찬 바람이 사정없이 전신을 훑고 지나갔다. 볼이 얼얼하다. 기온이 급강하했는지 도저히 걸어서는 갈 수 없었다. 나는 도쿄 날씨만 검색했지 두 시간 떨어진 이곳 날씨는 정말 상상해 본 적이 없었다.

남편은 청바지에 얇은 점퍼, 작은 녀석도 청바지에 상의는 니트를 입고, 니트자락을 손끝에 쥐고 웅크리며 뛰었다. 큰 녀석은 면바지에 얇은 재킷, 그리고 발목 양말을 신었다.

패딩 조끼를 입은 나는 목에서 자주색 목도리를 걷어내어 작은 녀석의 목에 둘러 주는데 웬일인지 가만히 있었다. 춥긴 춥나 보다.

한 참 뛰다 보니 저 멀리 관광객들이 구름처럼 모여 있는 게 보였다. 도착하니 인파가 끝도 보이지 않는 계단을 오르고 있다. 숨 돌릴 틈도 없이 앞사람의 엉덩이만 보고 뒤따랐다.

왜 다들 쉬지 않고 오르는지 몰랐다. 다만 내가 그래야만 하는 이유는 화장실이 급해서다. 먼저 올라간 우리 집 남자들은 전망 좋은 곳에 줄 서서 기다리다가 나를 불렀다.

빨리 앞에 서란다. 마주 보이는 후지산은 하얗게 눈이 덮여 있었다. 가슴이 벅차올랐다. 마치 오랜 세월 동안 짝사랑한 연인을 가까이에서 보는 심정이 이런 느낌이겠지? 얼마나 이 모습을 기다렸는지.

손을 맞잡을 수는 없었지만 이렇게나마 마주 볼 수 있어 감사했다. 산은, 멀리서 온다고 수고했다며 하얀 미소로 어루만져 주었다.

남편은 저기 보이는 후지산은 일본 정부의 소유가 아니라고 한다. 그 이유는 16세기경 도쿠가와 이예야스가 반강제적으로 국유화하였지만 후지산 신앙을 받드는 센겐신사가 소유권 양도 소송을 하여 1974년도에 되찾았단다. 나라 땅은 기상관측소와 등산로 정도.

산과 잠시 조우했나, 사진 찍는 장소여서 바로 자리를 비워줘야 한단다. 산 위에 두껍게 눈이 쌓여 있으니 날씨가 꽁꽁 얼어붙는 게 정상이지, 아들 지인이 며칠 전 갔다 왔는데 후지산에 눈이 제법 많더라고 했다나, 산 정상에 눈이 있다고 반가워만 했지,

어제 내린 비로 인해 이렇게 기온이 내려가 있을 줄은 몰랐다. 사진 찍는 것도 잠시, 사람들 뒤꽁무니 보면서 얼키설키 또 계단을 밟고 화장실을 향해 올라갔다.

마침내 도착한 옹색한 화장실은 한 명만 사용할 수 있었다. 그러니 긴 줄이 줄어들 생각하지 않았겠지. 순간적으로 '여기가 어디인가? 분명히 일본에 왔는데'라고 착각할 만큼 실망이었다. 관광객들이 붐비는 일이 하루 이틀이 아닐 텐데.

나를 기다리던 우리 집 남자들은 내가 화장실에서 나오자마자 빨리 역으로 내려가자고 성화다. 이 많은 인파가 이동하려면 쉽지 않을 거니 빨리 빠져나가자는 거다. 더구나 독하게 매운 날씨 때문에 어디를 여유 있게 둘러볼 상황이 아니었다.

새벽에 출발해서 경치 좋은 곳에서 자전거 타자던 큰아들의 바람이 여지없이 내동댕이쳐진 것은 그 좋아하던 날씨 때문이었다.

후지산 옆 가마구치코 호수를 자전거로 둘러볼 거라고 틈틈이 자전거 타기 연습해 두라는 녀석의 성화에, 10월부터 뒷산에서 밤 줏으랴, 도토리도 주워 묵 만들어 먹으랴, 추석 차례상 준비하면서도 오후에는 숙제하듯이 자전거 타러 갔던 날들이었다.

"자전거 못 타면 엄마는 걸어서 다녀야 한다."

수시로 협박하기를 여러 번, 예전에 남이섬 갔을 때처럼 식이 등 뒤에 매달려 갈 거라고 했더니 2인용 자전거는 없다고 했다.

왜 없을까, 거기는 연인들이 데이트도 안 하나, 대꾸하면서 이마가 까맣게 반들거리도록 열심히 탔는데, 실전에서 써먹지도 못하고 오들오들 떨며 뜀박질하고 다니는 신세가 됐다.

역에서 기차를 타고 세 정거장 가니, 숙소로 가는 버스 터미널이었다. 점심을 먹지 않아 맛집 1위에 등극 된 수제빗집으로 가려는데 줄이 길다.

나는 상가 벽을 바람막이 삼아 사람들 틈에 서 있는데, 기다리는 것을 못 견뎌 하는 남편이 다른 곳으로 가잖다, 행동대장, 작은 녀석과 나는 뛰기 시작했다.

600미터 정도 뛰었나, 우리만 정신없이 뛰는 건 아니다. 입맛과 상관없이 관광객들도 뛰었다. 편의점도 지나고 선물 코너도 지나고, 빵집도 지나 두 번째 알아본 음식점으로 가니 80분 정도 기다려야 된단다.

작은 녀석을 선두로 돌아서 뛰기 시작했다. 남편이 고개를 저었기 때문이다. 헉헉거리며 수제빗집 근처에 오니 좀 전에 내 앞에 서 있던, 얼룩무늬 바지를 입은 여자분이 가게 안으로 들어갔다.

처음부터 우왕좌왕하지 말고 기다렸으면 지금쯤 따뜻한 곳에서 뜨끈한 수제비를 먹고 있었을 텐데….

비집고 들어가니 우리보다 앞서 들어간 사람들의 탁자 위에는 음식이 아닌 물컵과 물 주전자만 덩그러니 놓여있다. 워낙 많은 인원이 갑자기 들어왔으니 음식이 나오는 데는 시간이 걸리나 보다.

들어오기만 하면 뜨끈한 수제비가 기다릴 줄 알았는데, 아니다. 이 무슨 시츄에이션?

아들은 계속, 예약했던 버스 시간이 얼마 남지 않았다고 안달복달이다. 언제 음식이 나와서 먹고 가느냐고, 자기는 버스가 정차하는 곳 알아본다고 우리보고 먹고 오란다.

매사에 계획대로 사는 녀석이니 차질이 생기면 못 견뎌 한다. 수제비 먹는 데는 10분도 안 걸린다고 같이 먹고 나가자고 주저앉혔다. 언제 나오나 마음 졸이면서 기다린 끝에 무쇠 주물 냄비에 담긴 수제비가 나왔다.

면발이 조금 두꺼우면서 쫄깃거렸다. 남편은 씹히는 식감이 좋다고 하고 나는 뜨끈한 국물을 좋아해서 무엇으로 맛을 냈나 싶어 국물을 뜨고 또 뜬다.

30분 정도 기다려서 허겁지겁 먹고 나오니 밖은 벌써 밤이었다. 우리는 또 뛰기 시작했다. 터미널에 도착하니 여기도 인산인해다.

차를 알아보고 온 녀석은, 버스가 연착되어서 신주쿠 터미널로 가는 차는 언제 올지 모른단다. 모두 시퍼렇게 얼어 있는데, 더구나 아가씨들은 맨다리에 치마를 입은 이도 여럿 있는데, 어떤 아가씨는 손가락 끝까지 빨갛게 얼어 있었는데 날씨가 이렇게 추우면 안 되는 거였다.

그래도 누구 하나 불평하지 않는다. 내가 일본말을 알아들을 수는 없어도 60년 넘도록 표정을 보고 살았으니 상대의 얼굴만 봐도 사태 파악이 되었다.

가령 우리나라는, 부산 가는 버스는 지정된 승차장에서만 승객을 태운다. 그런데 여기는 지정된 승차장이 따로 없었다. 먼저 온 버스 순위다.

손바닥만한 종이에 갈 곳과 시간을 적어 벽에 잠시 붙이고 어디 가는 버스 승객 탑승하라는 소리 한번 지르면 우르르 몰려가서 탔다. 버스가 출발하면 붙였던 종이는 떼어버리고 또 다른 종이를 붙였다.

목적지를 붙였다 뗐다 하는 나이 든 아저씨는 추운 날씨와는 아랑곳없이 밝다. 익살스러운 표정으로 많은 승객의 궁금증을 흔쾌히 해결해준다. 흔히 일본은 아날로그, 우리나라는 디지털 문화라고 하더니 실감이 났다.

큰아들은 우리가 탄 버스가 떠날 때, 추운 날씨 때문에 남겨진 사람들이 걱정된다고 했다. 우리의 숙소가 있는 신주쿠역에 도착하니 늦은 밤이었다.

막히긴 했지만 갈 때만큼은 아니었다. 어찌 됐든 도쿄 시내는 그렇게 춥지 않아 다행이다. 우리는 꼬치로 유명한 오모이데 요코초 라는 거리로 향했다. 젊음이 넘실거리는 뒷골목, 오종종한 작은 가게들이 수도 없이 많이 들어앉았는데, 좁은 골목이라서 그런가 줄 서서 가던 길이 지체되어도 재미있었다.

신주쿠역은 유동 인구가 세계에서 1위란다. 출입구만도 200여 개 갈아타는 전철도 열한 곳이나 된단다. 그러니 주말 밤거리를 배회하는 젊은이들이 얼마나 많겠는가. 그 젊음에 떠밀려 다녔다.

이 많은 청춘이 일본의 미래 같아 아들들한테 한소리를 했다. 둘이 만나면 기본 둘은 낳아야 한다고.

효도 관광하자면서 자기들이 결혼하기 전 가족여행을 제안했던 큰 녀석이 어디 가고 싶으냐고 물었을 때, 산을 좋아하는 남편과 나는 주저 없이 '후지산'이라고 했다.

그러면 자기들은 산을 좋아하지 않으니, 등산은 하지 말고 근처에 있는 가와구치호수 근처에서 자전거를 타거나 산책만 하자고 해서, 그러자고 했다.

트레킹 하면서 산의 겉모습이나마 보고 올 생각이었는데, 비 오고 버스예매도 원하는 시간에 되지 않아, 멀리서 후지산을 보고 눈만 맞추고 왔지, 어떤 동식물이 자라고 있는지 게시판에 쓰여 있던 센겐신사의 배경지식도 읽어보지 않고 추워서 뛰어다닌 기억밖에 없다.

갔다와서 남편이 검색해준, 울고 이별한 임의 쓸쓸한 뒤안길 같은 일본 여행이었다

# 사랑의 맹세, 38년

　12월 1일은 서른여덟 번째 맞는 결혼기념일이었다. 남편이 좋아하는 '백종원'표 샌드위치를 만들어주고 나는 외출을 했다.
　잘 갔다 오라는 인사에도 시큰둥하게 별다른 답도 못 하고 나와 버렸다. 언제부터 결혼기념일이 이렇게 무미건조해졌는지, 아들들이 성인이 되고 나서 몇 번 축하해 준 것 외 색다른 추억은 없다. 그렇게 챙겨주던 녀석도 해외로 긴 출장을 가 버렸다.
　오래전, 혼인 날짜가 비슷한 여동생 부부와 북한 강변 어딘가에서 막걸리 마시며 모처럼 만나 회포를 풀고 숙소에서 그냥 쓰러져 잤던 기억이 떠올랐다.
　아침에 일어나니 그리운 비 님이 다녀가셨는가, 강가에 피어오르는 물안개와 질펀하게 깔려있던 젖은 낙엽….

　박상률 교수님의 '수필 강의'를 들으러 교실에 들어섰다. 겨울학기 첫 수업이다. 1주일 방학을 끝낸 문우들과 반가운 인사를 나눌 즈음 낯익은 분이 들어오셨다. 다들 반가워서 악수로 환대했다.
　3년 만의 조우다. 문우는 그동안 가평에 터를 마련해 놓고 두 달 동안 농막을 지어 이사했다고 하면서 지금은 비닐하우스 한 동을 짓는 마무리 작업을 한단다. 나긋나긋한 말씨와 예쁜 미소가 여전히 곱다. 주위가 온통 산이라는 말을 듣자마자 설레기 시작했다.

어떤 곳일까? 자연을 좋아해서 전원생활을 동경하는 내가 더 신이 났다. 가까운 지인 몇 명이 수업이 끝나면 가보자고 의견일치를 보았다. 그 말은, 년 말이라 시간을 맞추기가 쉽지 않아 기회가 생겼을 때 실행해야 한다는 것이다.

남편에게 양해를 구해야 해서 전화했다. 집에 혼자 있지 않아 다행인 남편은 외국에 나가 있는 큰 녀석의 차를 입국하기 전에 점검해 준다고 밖에 나가 있었다.

38년을 살았으니 더 이상 새로울 것도, 설레는 것도 없다. 문정희 시인의 시 '부부'에서 '결혼은 사랑을 무력화 시키는 긴 과정'이라더니 맞는 말 같다. 무엇을 해도 신나지 않고 즐겁지 않은 이 무료함이라니.

아들들이 결혼해서 꼬물꼬물한 손자들을 안겨주면 둘이 눈 맞추고 웃을 일 있으려나.

가평 시내에 접어든 차는 마을을 지나 빈 논길을 달리더니 예쁜 박공나무 지붕 밑에 도착했다. 앙증맞은 장독대는 새색시처럼 얌전했고, 집 뒤란에 걸어놓은 가마솥 두 개엔 참나무 장작이 들어 있었다. 마당에는 봄이 오면 꽃씨를 뿌릴 거란다.

TV에서 '나는 자연인이다'를 즐겨보는 내게는 보이는 모든 것이 정겹다. 장작으로 지펴놓은 농막은 훈훈했고 훈연 톱밥으로 불 지핀 비닐하우스 안은 후끈후끈했다.

지금 짓고 있는 비닐하우스는 여느 집 거실처럼 놀이터가 되어 줄 거라고 그녀는 말했다. 한쪽 책장에 꽂혀있는 빼곡한 책은 문우의 과거와 현재를 말해준다. 이 중에 이외수의 '들개'가 있었다.

1981년에 발표된 책을 두고 각자 나름의 소회가 분분하다.

"내가 외모지상주의자라서 그런지 그분 책은 손이 가지 않던데."

또 어떤 이는 이 작가의 책은 다 읽었다고 하고 또 다른 문우는 이렇게 들려주었다.

"지인이 이외수를 만날 기회가 있었는데 상당히 박식하더라."

그 틈에 나도 한마디 거들었다.

"인터넷에서 대학 다닐 때 사진을 봤는데 기자처럼 샤프하고 예리하게 생겼던데."

산 밑에 들어앉은 작은 동네는 볕이 좋고, 아늑했다. 어느 집에서는 저녁밥을 짓는지 가뭇가뭇 연기가 피어오르고 집주인이 극찬해 마지않는 집 옆의 넓고 큰 개울은 여름이 되면 우렁우렁 물소리 즐겁겠다.

비닐하우스 뒤쪽, 이웃의 밭에는 허리 굵은 밤나무, 도토리나무, 헐벗은 겨울 나그네가 되어 외롭고, 그 나무들이 떨어뜨린 죽어버린 꿈의 시체들은 갑자기 곤두박질친 날씨에 바람 따라 정처 없이 떠돌아다녔다.

김장배추를 빼고 난 그루터기들을 보니 옛 생각을 불러온다. 얼어붙은 밭에서 배추 밑 둥을 캐서 먹던 맵고 달콤했던 어린 시절의 기억들.

 이왕 왔으니 저녁을 먹고 가라는 성화에 집에 있는 남편에게 전화했다. 내 영혼의 즐거운 마음 한쪽에는 '우리 집 대장'이 있다. 어떤 문우는 말했다.
 "집에 가서 남편이 좋아하는 것을 해 주라."
 지인의 말이 무슨 뜻인지는 알겠는데, 그것은 그가 좋아하는 것은 아닐 터. 내 짐작이 맞았다면 아이들 아빠가 좋아하는 것은 아직 아들들 혼인도 시키지 않은 우리 부부에게는 요원한 이야기다.
 그렇지만 혼자 있는 그를 안쓰러워하지 말자고 내가 나를 위로하는 것은 어젯밤, 누워있는 남편의 발꿈치에 생전 처음으로 로션을 듬뿍 발라줬다는 거. 무슨 심장이 쿵쿵한 사건이 있었던 것은 아니었다. 뭔지 모를 애틋함이었다.
 38년 전, 굵은 눈송이 펑펑 날리던 날, 머리에 포마드 기름을 바른 채 말쑥한 곤색 양복을 차려입고 잡아주던 두툼하고 따뜻했던 손. '비가 오나 눈이 오나 변하지 않을 자신이 있다던 사랑의 맹세'는 어느 틈에 세월 따라 바래져 버렸는지….

 집에 도착하니 밤 8시. 식탁에는 노란 베고니아 화분과 알록달록한 케이크가 놓여있고, 그 곁에 앉은 남편과 작은아들이 나를 맞았다.

# 여전히 멋있어 너는!

 3년 동안 전 세계를 공포로 몰아넣었던 코로나가 힘을 잃을 즈음 40년 지기 친구가 만나자고 연락이 왔다. 3년 만이다.

 설 전부터 아팠던 어깨가 한 달째 나를 중환자로 만들어버리다 보니 외부 일정은 거의 끊고 치료에만 전념할 수밖에 없었다. 병원에서 엑스레이를 찍어보니 일자 목에다 목 디스크도 있고, 왼쪽 어깨가 조금 내려앉았으며 퇴행성 관절이 진행되고 있단다.
 아무것도 할 수가 없었다. 머릿속은 '어떻게 치료해야 빨리 나을 수 있나'가 내 하루의 시작과 끝이었다. 병원에서 물리 치료 받고 처방해준 약을 먹으면 통증은 조금 나아졌지만 완벽하게 낫지를 않고 나를 괴롭혔다.

 '생각대로 살지 못하면 사는 대로 생각하게 된다'라는 말이 있다. 내가 그랬다. 어떻게 하면 아픔이 덜어질까만 생각하다가 병원 갔다 오면 유튜브에 매달렸다.
 누가 어디서 치료받았는데 나았다는 기사만 봐도 날이 새면 달려가고 싶을 정도로 끔찍한 날들이었다. 집에 있을 때는 부황을 달고 살다가 2주일 정도 지나니 부황을 떼고 동전 파스에 의

지했다. 삶의 질이 급격하게 떨어지니 온통 들리고 보이는 것이라고는 아픈 사람 이야기였다.

　남편은 자다가도 벌떡 일어나 내 어깨를 주물렀고, 아들들은 아침이 되면 내 표정부터 살폈다. 슬픈 현실이었다. 무엇에도 집중할 수가 없었다. 시간이 나면 의사가 알려 준 대로 스트레칭하면서 내 몸을 자유롭게 놔두지 않고 괴롭혔다. 아직 할 것 많은데 이렇게 늙어가는구나 싶어 씁쓸했다.

　어깨 통증에 시달리고 있으면서 그녀를 만나러 갔다. 3년 만의 약속이라 미룰 수도 없었다. 그림 그리기를 좋아하고 물색 옷을 즐겨 입던 그녀는 여전히 생활전선에서 열심히 살고 있었다.
　강철 같은 정신력으로 무장되어 있어서인지 두 아들을 초등학교 고학년부터, 경기도 하남시에서 서울 강동구 고덕동에 있는 학교로 전학시켜 시외버스 타고 고등학교까지 등하교하게 했다.

　만나서 어깨 아픈 이야기를 했더니 본인은 아직도 코로나 예방주사 후유증으로 생긴 희소병 '길랑 바래 증후군'으로 고생하고 있다고 이야기했다. 아마 평생 끌어안고 살아야 할 것 같단다.
　길랑 바래 증후군은 말초신경과 뇌 신경에 광범위하게 나타나는, 원인이 명확하지 않은 염증성 질환으로 온몸이 전기가 통하는 것처럼 저려서 아침저녁으로 진통제를 먹어야 한단다.
　약 부작용도 심해서 오전에는 손 떨리는 증상이 있어 일에 집중하기가 어렵다고 했다. 예전에는 내가 별일 없이 살고 있어 그랬었나, 친구의 고달픈 삶도 그때는 와 닿지 않았다.

참 이기적으로 살았다는 자책감이 들 즈음 갑자기 안마기를 선물해주겠단다. 무슨 말이냐고, 나는 너 아플 때 아무것도 해준 것이 없는데 나 부끄럽게 하지 말라면서 펄쩍 뛰었지만, 친구는 막무가내였다.

"너 아픈 거 보기 싫어서 그래. 빨리 나아서 일본 여행 가자. 내가 갔다 온 차마고도는 우리 나이는 힘들어. 이제는 일본이 우리에게는 안성맞춤 같아."

여행을 좋아하는 그녀는 결혼 전 다니던 직장에서 통근버스를 타면서 알게 되었다. 서로 자취하는 동네도 같아서 자주 어울렸다.

늦가을이 되면 불쑥, 낙엽 보러 떠나자면서 산으로 들로 데리고 다녔다. 고향이 그리워서 그랬나, 그곳에서 시멘트 바닥 위에 널어놓은 고추를 보고 카메라를 들이대는가 하면, 갑자기 호수에 배 타러 가자고 불러냈다.

호수 위 나룻배 위에 서서 단풍잎 하나 손에 들고 있는 '센티'한 모습의 나를 렌즈에 담아준 것도 그녀였다.

직장 문예반에서 밤늦도록 시 낭송회를 준비했던 일, 어린이대공원으로 경회루로 백일장 갔던 기억이 잊히지 않고 가끔 떠오르는 것은 그때의 우리는 눈부신 청춘의 한 때라서 더 그랬던 듯싶다.

퇴근 후면 나는 피아노학원으로, 친구는 미술학원으로 또 한 친구는 서예학원으로 다니면서 서로의 꿈을 응원해 주다가 전시회 하는 날은 예쁜 꽃송이 안고 찾아가기도 했다.

또 어느 해 여름에는 청평사로 '정다운 스님' 만나러 산 넘고 물 건너갔더니 우리가 도착하기 하루 전날 다른 곳으로 떠났다는 말에 기운 없이 돌아온 적도 있었다.

주말이면 덕수궁 옆 '마당세실극장'에 윤무식 씨가 출연하는 연극을 관람하고 긴 돌담길을 걸어오면서 마주하던 그 애잔하던 달밤, 지금 생각하면 참 빛나던 추억이다.

요리도 잘하는 그녀의 자췻집에서 포마이카 상 펴고 둘러앉아 양은 냄비에서 퍼 주는 밥은 별미였다.

어느 해 가을에는 단풍 보러 의정부에 있는 소요산에 가자고 했는데 뛰다시피 급하게 다녀야 했던 산행이었던 만큼 전날 비가 와서 미끄러운 계곡을 내려왔던 우여곡절은 지금 생각해도 아찔하다.

군인 아저씨 한 명이 계속 우리를 뒤따르고 있었다. 우리는 네 명이었지만 그래도 남자의 완력에는 속수무책으로 당할 수밖에 없으리라는 불길한 상상을 하니 갈 길이 바빴다. 잠시 쉴 틈이 없었다. 돌무더기 울퉁불퉁한 계곡으로 도망치듯 내려오다가 길을 잃었다.

해는 기우는데 등산하는 사람은 우리뿐인 듯. 벌벌 떨고 다닐 즈음 군인은 우리와는 다르게 산길을 내려갔는지 보이지 않았다. 나쁘게 맘먹고 우리를 쫓아온다고 지레짐작을 했던 것이 잘 못이었다.

혼비백산하며 내려온 계곡, 어디에선가 음식 냄새가 나고 두런두런 사람들의 말소리가 들렸다. 캠프장이 가까이 왔는지 그때부터 오그라들었던 심장을 맑고 상쾌한 바람에 말리며 남은 시간을 즐겼다.

내려오면서 어느 절 앞에 도착하니 공사 중이었다. 돌아서 나오는데 어떤 아저씨가 우리를 불러 사진을 찍어 주었다.

"지금은 새로 짓고 있어 볼 것은 없지만 오랜 세월이 지나서 찾아오면 옛날 생각이 날 겁니다. 사진은 한 장 남겨두시지요."

얼굴도 기억나지 않는 아저씨 덕분에 나란히 찍은 우리 20대는 사진 속에 남아 있다.

서울로 오는 시외버스에 오르니 밤이었다. 맨 뒷줄, 넷이 나란히 앉았는데 내 옆에 앉은 남자가 수시로 기대니, 안 그래도 술 냄새 때문에 숨이 막히는데 기대기까지 하니 불편해서 일어서 버렸다. 그 모습을 본 친구는 잠자는 남자를 흔들어 깨웠다.

"내 친구가 불편해하잖아요. 똑바로 앉아서 가세요!"

주의를 환기했다. 또 언젠가는 여름휴가를 같이 가자 약속하고 본인은 코펠과 버너를 갖고 오기로 했다.

막상 만나는 시간에 천호동 맘모스백화점(지금 이마트) 앞으로 가니 보이지 않았다. 한참 기다리다가 암사동에 있는 그녀의 자췻집으로 가니 여동생만 있었다.

"대구에 있던 언니 남자친구가 어젯밤에 올라왔는데 같이 나가서 안 들어왔어요."

눈앞이 캄캄했다. 낙동강 오리알 신세가 됐다는 것이 이런 거겠지? 이럴 거면 남대문으로, 백화점으로 여름휴가 가자고 쇼핑 다니지나 말든가. 잔뜩 바람 넣어 놓고 자기는 쏙 빠져서 나타나지도 않고 하면서 구시렁거리고 다녔다.

소개팅으로 만난 남친이 있다는 것은 알고는 있었지만 이런 상황까지 오게 될 줄은 몰랐다. 여행 같이 가기로 했던 다른 친구와 소금강계곡으로 가기 위해 상봉터미널로 향했다.

하나에서 백까지 사 먹어야 되는 상황이었다. 추진력에 결단력에 요리도 잘하고 용감하기까지 한 그녀가 빠진 우리는 외로운 솔개였다.

신세 처량했다. 계곡 가까이 들어앉은 민박집 마당에는 연인들이 커플로 앉은 틈바구니에서 눈치 보며 어울렸다. 캠프파이어도 하고 게임도 하니 즐거웠지만, 먹을 것이 없어 초코파이로 허기를 때웠다.

아침이 되면 계곡으로 내려가 고스톱도 배우고 밥도 얻어먹고 '요염'(?)한 모습으로 사진도 찍으며 우리를 버리고 떠난 그녀를 보란 듯이 놀았지만 그럴수록 더 괘씸했다.

그런데 계곡에서 갑자기 귀에 익은 목소리가 들렸다. 분명 그녀였다. 돌아보니 모자를 쓴 어떤 남자랑 쌀 씻으러 가는지 쌀 담은 바가지를 들고 있었다. 친구는 우리를 보고 뒤로 나자빠질 듯이 놀라면서 말했다.

"어제부터 너희 찾으러 다녔어, 어디서 잤어? 미안해."

"어떻게 그럴 수가 있어? 그날 약속 장소에서 한 시간을 기다렸다가 네 자췻집에 가봤어. 전날 얘기해 줬어야지?"

나는 친구에게 퍼부어댔다. 친구 옆에는 키가 큰 남자가 모자를 깊숙이 눌러 쓴 채 서 있었다.

"죄송합니더. 저 때문에 이렇게 됐습니더. 이 친구가 걱정 많이 했습니더." 가무잡잡한 피부에 경상도 사투리는 나보다 더 거친 그녀의 남친은 어쩔 줄 몰라 하고 그녀는 우리를 달랬다.

"밥 못 먹었지? 어서 밥해서 먹자."

코로나 터지기 전 어느 해, 무릎이 안 좋은 나를 위해 하남시에 있는 검단산 계곡 풀숲을 뒤지고 다니면서 우슬을 찾으러 다녔다.

그녀의 고향인 공주에서 밤 농장을 하는 친정 오빠가 무릎이 안 좋다기에 우슬이랑 다른 한약재랑 섞어 즙을 짜서 보냈더니 상당히 호전되었다고 좋아했단다.

그녀는 장갑을 끼고 모기가 물어뜯는지 어떤지 아랑곳없이 환삼덩굴이 발목을 감아도 쉬지 않고 우슬 찾는 작업을 계속했다. 봄이면 주말에 나물 뜯느라고 산에서 살다시피 해서 그런지 지렁이가 나와도 호미로 걷어내고 또 시작했다.

손 빠른 그녀는 금세 마대에 제법 넣어왔다. 우리는 퍼질러 앉아 잎은 다 떼어내고 뿌리만 담아 '건강원'으로 갔다.

"올해는 내가 책 100권 읽기로 했어. 한 달에 9권 정도."

야무진 그녀는 독서광이다. 내가 시집과 소설책을 주로 읽는다면 그녀가 읽는 책은 생활의 지혜가 되거나, 건강에 도움이 되는 책이 대부분이었다.

서로의 성향이 달라서 그렇겠지만 내가 뜬구름 잡듯이 살고 있다면 그녀는 항상 현실을 직시했다.

2022년 2월 말, 어깨 아파서 병원에 가는 길, 도로변 명자나무는 연분홍 꽃눈을 틔웠다. 지금부터 오가는 길에 피어서 방긋거릴 것을 지켜볼 생각을 하니 설렜다.

물리치료만 하다가 그저께는 무슨 일 때문에 스트레스받아서인지 통증이 심해서 잠을 못 잤다고 이야기하니 의사 선생님은 처음으로 근육 풀어주는 주사를 놓아주었다.

덕분에 통증이 잠시 멎었는지 집으로 오는 길은 주변이 보였다. 아름다웠다. 걷고 있는 사람들의 얼굴이 어제의 나처럼 일그러지지 않아서 다행이다.

집에 오니 친구가 선물한 안마기와 남편이 사들여 준 체형교정기, 목등뼈 베개가 나를 기다리고 있었다. 배가 고팠지만 빨리 낫고 싶어 침대에 누워 안마를 시작했다.

원래 기계치인 내가 남편에게 맡기지 않고 기기를 연결해 보기도 처음이었다. 윙윙거리며 굵고 둥근 롤러가 머리와 어깨를 스치는 소리에도 아랑곳없이 예전의 생각 많고 호기심 많은 나로 돌아온 듯했다.

안마하면서 돋보기 쓰고 침대에 누운 나는 어느새 옆 책장에 빼곡히 꽂힌 책 제목을 읽어 내려가고 있었다.

한 달을 훌쩍 넘겨 찾은 행복이었다. 내 시선, 내 사고가 욱신거리는 고통을 떠나고 있다는 것은 나도 언젠가부터 기적처럼 조금씩 나아지고 있다는 거다. 아프다고 잠시 중단했던 사과와 당근을 갈아서 내린 주스도 만들어 나 때문에 고생한 가족들을 위해 먹여야겠다고 생각했다.

미루나무는 그때도 예뻤을까

제 5 부

# 연꽃마을
# 하얀 집

# 광대

'베르나르 뷔페'의 이름을 나는 지금까지 알지 못했다. 얼마 전 아들이 5년 만에 국내에 들어온 이 화가의 전시회를 가자고 했을 때 잠시 검색해 본 것이 전부다.

입구에서 처음 마주친 포스터 속 광대의 눈동자에는 절망이, 슬픔이, 공허함이 담겨 있었다. 특히 전시회장 사진에서 뷔페 곁에 앉아있는 이름다운 여인이 궁금했다.

검은 눈망울, 우수 어린 눈빛, 단정한 이마, 다정함이 엿보이는 부드러운 코. 누구지? 저 맑고 고집스러운 의지가 엿보이는 여인은. 뷔페보다 더 눈에 띈 여인을 눈에 담고 전시장으로 들어갔다.

15살 어린 나이에 프랑스 국립미술학교에 특례입학을 받을 정도의 천재 화가였던 뷔페. 2차 세계대전 전후였던 유년 시절은 불안정하고 황폐했지만, 어머니의 지원과 사랑으로 화가의 꿈을 키워나갔다.

뷔페가 17세가 되던 해 어머니가 뇌종양으로 세상을 떠났고, 그로 인한 상실감과 아픔으로 몇 년간 다락방에서 미친 듯이 그림만 그렸다고 그는 회상했다.

"어머니가 계시지 않는 지금 내가 할 수 있는 것은 그림밖에 없으며, 그림을 그리지 않으면 죽어버릴 것 같았다."

 어머니와 자주 갔던 브르타뉴의 바닷가, 자주 그렸던 물고기, 그리고 그를 둘러싼 주변의 사물들을 닥치는 대로 그렸는데 그때 그린 그림 8,000여 점은 혼돈의 시기에 그가 어떤 삶을 살아왔는지 느끼게 해 주었다.

 20대의 그는 살기 위해 그림을 그렸고 수많은 판화에는 못으로 심하게 긁어놓은 작품도 많았다. 무엇인가 가슴에서 치밀어 오르는 분노를 이기지 못해서 거칠게 긁어 놓았다.
 그렇게라도 터뜨리지 않았으면 아마 정신이상이 되었을지도 몰랐다. 그가 어린 시절부터 마주한 인간의 모습은, 전쟁이 불러 온 잔혹한 살육의 현실과 전후의 비참하고 황폐한 삶이었다.
 어머니의 죽음과 아버지의 부재로 인한 고독, 그리고 전쟁에 나가서 생사가 확인되지 않는 형과 불확실한 미래가 주는 공포, 죽음에 관한 생각이 늘 그를 짓눌렀다.
 그림들은 뾰족뾰족했고 배경에 직선이 많이 들어가 있었다. 또 인물화는 어떤가. 심하게 마르고, 표정에는 영혼이 없는, 괴물같이 어둡고 칙칙했다.
 그 시대, 다른 화가들의 그림은 자유롭고, 목가적이고 평화가 흐르는데 유독 뷔페의 그림에 나오는 인물들은 심하게 현실적이었다.
 그는 30세 미만이 참여할 수 있는 샤롱전에 출전했다가 그중에서 가장 주목받았는데 이유는, 그가 그린 그림을 통해 대중들도 전쟁의 참상을 깨달았던 거다. 18세였던 그는 그때부터 승승

장구했다.

뷔페는 광대를 많이 그렸는데, 색감은 매우 강렬했고, 붓 터치는 호기로웠다. 왜 반복적으로 광대를 그리느냐는 질문에 그는 대답해주었다.

"광대는 온갖 변장과 희화로 자신에게 부족한 부분을 메울 수 있기 때문이다."

뷔페의 내면에 도사린 우울과 고독이 자주 광대로 몰아갔는지, 아니면 양성애자라는 성 정체성 때문에 숨고 싶었는지는 알 수가 없다. 혼자 있는 시간이 되면 외로워했고, 고독했다.

언젠가 아주 우중충했던 날, 나는 문득 연기자들은 심심하지는 않겠다고 생각한 적이 있다. 왜냐면 다른 사람의 삶을 분석하고, 연구하고, 연기하면서 낯선 환경을 살아보는 것도 재미있겠다는 생각이 들었기 때문이다.

그런데 이번 전시회를 보면서 내가 잘못 생각했다는 것을 알았다. 감성이 예민한 예술가들은 남들보다 몇 배는 더 갈등과 방황으로 자신을 괴롭혔던 것이다.

뷔페는 모델이고, 가수이자, 작가인 아나벨 수와르와 우연한 만남으로 첫눈에 반해 결혼했다. 첫 결혼에 실패했던 뷔페는 평생 아나벨만을 사랑했다. 아나벨은 뷔페와 내면 깊숙이 서로를 위로하면서 살았다.

아나벨의 부모님이 모두 자살로 생을 마감하고, 어린 시절부터 외로웠던 뷔페에게 아나벨은 가족, 뮤즈, 그 이상의 존재였다.

뷔페는 아나벨을 만나기 전에는 고독과 우울로 고통의 나날을 보냈는데 아나벨은 그의 곁에서 삶을 영위할 수 있는 유일한 안식처가 되어 주었다.

50대에 들어선 그는 대중의 비난을 받으면서도 아내와 여행을 많이 다녔다. 아나벨과의 사이에 자식은 없었고, 세 명의 아이들을 입양했다.
아이들은 잘 자랐고, 그 평화가 그림 '샤노나 호수'에도 녹아 있다. 그의 풍경화를 보고 있으면 이 그림이 뷔페가 그린 그림인가라고 의아해할 정도로 평화롭고 사랑스럽다.
아나벨은, 뷔페가 그림을 마주하고 있으면 '굳이 내가 낄 자리를 만들려 하지 않아야 함을 본능적으로 알았다'라고 말한다. 그 정도로 둘의 영혼은 교감하고 있었다.
뷔페는 아나벨의 생일 때 꽃을 그려 전시회를 열어주고 뷔페가 전시회를 열면 아나벨은 전시회의 서문을 써주었던 애틋한 사랑이었다.

베르나르 뷔페는 77세의 나이에 파킨슨병이 진행되자 떨리는 손으로 그림을 그릴 수 없음을 직감했다. 흔들거리는 붓을 반대편 손으로 지탱하면서 이제는 더 이상 붓을 들 수 없을 것 같아서 절망했다.
어릴 때 어머니와 종종 찾았던 브리타뉴 해변에는 거대한 폭풍과 함께 먹구름이 몰려오고 격렬하게 부서지는 파도는 그의 정신상태를 의미했다. 심하게 흔들리는 검은 선으로 그려진 새는 뷔페 특유의 힘찬 직선이 어떻게 무너지고 있는지를 여실히 보여주는 작품이다. 평소에도 입버릇처럼 말했다.

"그림을 그릴 수 없으면 죽어 버릴 거다."

부인 아나벨은 이 그림을 보자마자 그의 죽음을 직감하고 집 안의 모든 날카로운 물건을 치우고 곁을 지켰다.

그날도 여느 날처럼 둘이 아침 산책을 마친 그는 혼자 작업실로 들어가면서 집 근처 성모마리아상 앞에 아나벨을 위한 붉은 장미꽃 한 송이를 놓아두고 작업실에서 외로웠던 생을 마감했다.

내가 본 화가 중에서 이니셜이 가장 힘차고 멋있는 베르나르 뷔페. 한때는 피카소보다 그림값이 비쌌지만, 그것도 잠시였다.

19세에 첫 전시회를 열고, 20세에 비평가상을 받고, 28세에 백만장자가 되어 기사 딸린 롤스로이스 차를 구매하니 대중들은 싸늘했다.

멸시하는 시선과 조롱을 견딜 수 없어 다락방으로 숨어버렸던 비운의 화가. 영원한 사랑 아나벨을 두고 떠난 그의 그림 '광대'는 내 가슴에 심하게 못을 기울여 빗금을 그은 것처럼 아프게 새겨졌다.

## 이별 의식

　전날 오후에 지인과 올랐던 산을 다음 날 오후 5시쯤에 혼자서 다시 찾았다. 어제 처음 갔던 길이었으니 이 길이 맞는지 저 곳인지 다툴 여지가 없었다. 장마철인데 어젯밤은 다행히 비가 내리지 않았다.
　그렇다면 혹시라도 얌전히 나를 기다리고 있지 않을까 하는 조바심이 일었다. 숨을 고를 여유도 없이 뛰다시피 정상 근처까지 올랐다. 어제 쉬었던 나무로 만든 간이침대 근처를 둘러보았지만 없었다.
　다른 의자에도 잠시 앉은 기억이 나서 그 곁으로도 가 보았지만 역시 보이지 않았다. 꼭 이곳에서 나를 기다릴 것만 같았는데 현실은 내 착각이었다. 눈으로 확인하기 전까지는 믿지 않는 성격이라 이제는 포기해야 하나 싶었다.

　어제 나무 침대에 누워 있을 때, 잠시 구름이 걷히고 강렬한 햇살에 눈이 부셨던 적이 있었다. 바다색에, 노란 반딧불 같은 그림이 예뻐서 눈 맞춤 했었는데 그것이 마지막 인사가 되고 말았다.
　내 손바닥에서 나를 시원하게 해 주었던 부채는 이제 다른 누군가에게서 내가 그랬던 것처럼 예쁜 눈인사를 받을 생각 하니 그나마 위로가 되었다. 만약 산길에서 등산객들에게 이리 밟히고 저리 밟힌다면 나도 편치 않을 것 같았기 때문이다.

  그 부채를 어디에서 샀는지, 누가 줬는지 기억이 나지 않지만, 무늬와 색깔이 맘에 들어 여름만 되면 갖고 다녔다. 순식간에 올라갔던 터라 온몸에는 땀이 흘렀다. 그러면서 불쑥 드는 생각이 이게 이별 의식인가 싶었다. 이렇게라도 찾지 않으면 내내 한 번이라도 산에 갔다 올걸 하는 후회가 될 것 같았기 때문이다.

  두 달 전에도 사랑스러운 귀걸이 한 짝을 잃어버렸다. 친정 여형제들과 같이 다니는 지방에 있는 절에서다. 석가탄신일 즈음이었다.

  그곳에 계신 스님께서 말씀하셨다.

  "꽃밭과 절 인근 산에 풀이 많으니 일하는 복장으로 내려오라."

  제부들은 제초작업 하거나 다른 막일을 하고 우리 자매들은 깊숙한 모자를 쓰고 풀을 뽑아야 한단다.

  이렇게 더운 날 하필 산에까지 올라가서 풀을 뽑아야 하냐고, 스님은 연세도 많으신데, 산에는 나무 몇 그루 듬성듬성 심어놓고 꽃밭이나 가꾸시지, 해마다 누가 됐던 이 고생해야 하는 것 아니냐고 우리끼리 중얼거렸다. 그러면서도 주지 스님께서 갖고 오신 식혜와 수박은 그늘에 앉아 맛나게 먹으면서 오랜만에 만난 동생들과 떠들었다.

  "아마 주지 스님께서도 우리가 일하는 것에 큰 만족은 하시지 않을 거야, 주된 일꾼들은 남정네들이지."

이 꽃은 어떻고 저 미루나무는 몇 년 되었을까, 하면서 갖은 초목을 입에 올렸다 내렸다.

집에 오니 귀걸이가 없었다. 더워서 모자를 썼다가 벗었다 할 때 떨어져 나간 듯했다. 귓불이 없는 내 예쁘지 않은 귀를 감쪽같이 감추어 주는 귀걸이였다. 서브다이아가 알알이 박혀서 하얀 별처럼 반짝거렸다.

겨울에 하고 다니면 육각형의 성애처럼 보이다가도 여름에는 깔끔하고 앙증맞은 어여쁨을 선사했다. 남편에게 귀걸이 잃어버렸다고 이제 같은 귀걸이는 구하지 못한다고 징징거렸다.

하긴 분명 일복 입고 오라고 했는데, 치장을 그렇게 하고 갔으니 내 불찰이지 싶다가도, 아까웠다. 잊어버리고 나서 한동안 백화점이나 마트에 가면 비슷한 거라도 있나 싶어 서성거렸지만 다들 귓불이 왕성한지 그처럼 감쪽같이 가려주는 모양은 없었다. 요즘 말로 가격 대비 가성비가 뛰어났던 것이었다.

나는 내 물건에 대한 애착이 남다르다. 그동안 잃어버리는 것은 거의 없었는데 올해 두 번의 이별을 하고 나니 앞으로 나이는 자꾸 먹어 가는데, 이제는 정신을 더 바짝 차리고 살아야 한다는 사실이 슬프다.

생텍쥐페리의 책 『어린 왕자』에서 어린 왕자는 자기 장미꽃과의 관계를 이야기한다. 어느 날 정원에 핀 오천 송이의 장미꽃보다, 자기가 물을 주고 유리 덮개를 씌워주고, 자기의 시간과 정성을 온전히 쏟은 그 꽃이 더 소중하다고 자기 장미꽃이 있는 별로 돌아간다.

  어린 왕자가 그랬듯이 나도 한때는 내 것이었던 것이, 물건이 되었든, 사람이 되었든 나와 정을 나누었던 모든 것들이, 잃어버리거나 이별을 했거나 한 것들이, 그 아팠던 것들이, 세월이 흘러도 잊지 못한 채 슬픔처럼 고여 있다가 불쑥불쑥 올라와 나를 흔들 때면, 나도 애잔해져서 쉬이 잠들지 못한다.

  언제쯤 나는 어떤 이별을 해도 초연해질 수 있을까?

## 연꽃마을, 하얀 집

　그 집은 연꽃마을에 있었다. 마을에서 멀리 떨어져 있는 집이라 처음에는 별장인 줄 알았는데 가까이에서 보니 나란히 서 있는 두 채의 집이었다.
　집 서쪽으로는 넓은 연밭에 푸른 잎 가득 찰랑찰랑 강물을 들여놓았고, 마주 보이는 팔당대교는 웅장한 아름다움이 있었다. 작년 가을, 자연을 좋아하는 친구와 일주일에 두 번씩 등산하거나 산책할 때 만난 집이었다.
　정약용 생가 근처였는데, 둘레 길을 걷다가 단풍나무 숲이 울창해서 이쪽으로 발길을 돌리던 참이었다. 왠지 언젠가 본 적이 있는 집 같아서 생각해보니 몇 년 전 가족들과 근처를 산책할 그때 본 듯했다.
　그 당시에는 먼 곳에서 봐서 그런지 이렇게 넓은 줄도 몰랐었다. 막연히 내가 좋아하는 강과 산을 다 갖고 있어서 저 집에 사는 주인이 누군지 행복하겠다고 생각했었다.

　대문 앞에는 나무로 작은 우체통을 만들어 세워 두었고, 나그네들이 쉬어 가라고 두꺼운 탁자와 의자도 만들어 놓았다.
　그곳에서 보는 경관이 뛰어나서 오늘은 여기서 자리를 잡자며 도시락을 먹고 차를 마시면서 선 채로 마당을 살피자니, 잔디 위에 있는 대나무로 만든 바구니에는 싱싱할 때 따서 말려놓은 붉은 고추가 있었고, 보라색 가지는 꼭지 밑에 칼집을 내서 빨랫줄에 가지런히 말린다고 걸어두었다.

  들깨는 묶어서 볕 좋은 곳에 세워 두고, 반질반질 윤이 나는 크고 작은 장독대는 안주인의 부지런함을 느끼기에 충분했다.

  푸른 물기가 빠진 넓은 정원은 가을의 부드러운 잔영이 드리워져 붉은 샐비어는 붉어서 애잔하고, 노란 국화는 노란색이라 더 사랑스러웠다. 자잘한 보라색 구절초는 보듬어주고 싶게 애처롭고, 울긋불긋 여린 상추는 텃밭에서 졸고 있느라 정신없고, 하얀 장미와 시들지 못하는 분홍 배롱나무는 마지막 꽃잎을 피우느라 힘겨워했다.

  그런데다 키 작은 이름 모를 들풀들의 소리 없는 아우성은 그지없이 다정했다. 우리의 인기척을 느끼셨는지 연세가 일흔을 넘긴 것 같은 키 큰 어르신이 강한 바람을 일으켜 낙엽을 한곳으로 모으는 기계를 짊어지고 나타나셨다.

  인사를 하고 차를 한 잔 권해드리며 집이 참 예쁘다고 강과 산을 끼고 있어 지나다니는 길손들이 맘에 들어 하겠다고 했더니 그곳에 터를 잡게 된 경위를 말씀해 주셨다.

  결혼하고 직장 다닐 무렵, 주변은 온통 논과 산이었는데 이곳이 맘에 들어 쌀이라도 갖다 먹지 싶어서 마련해 놓으셨다고 하셨다. 그 당시에는 이런 땅을 아무도 눈여겨보지도 않을 때여서 그저 줍다시피 했다면서, 20 몇 년 전 공무원으로 퇴직하기 전에 용도를 변경해서 집을 지었다고. 인근 공무원들이 수시로 드나들며 규제가 심해서 2층으로 집을 짓고 싶었는데도 그렇게 하지 못했다고 하셨다.

  집 한 채는 서쪽 강을 향해 창을 냈고 똑같은 크기의 집 한 채는 산을 보고 지었는데, 팔당대교를 보고 지은 집은 유독 작가들이 겨울만 되면 한 달만 빌려 달라는 통에 곤혹스럽다고 하시면서 당신도 아직 마음은 청년이라 눈 내린 강을 보면 가슴이 설렌다며 웃으셨다.

  집 입구 아치형의 울창한 단풍나무는 집 지을 때 소요산에서 묘목을 가지고 와서 심었는데 이렇게 숲을 이루었다며 대견해 하셨다. 단풍으로 유명한 소요산의 그 붉은 단풍이 잠시 내게 머물다 갔다.

  서울이랑 가까워서 많은 분이 부러워하겠다고 했더니 지금은 여기가 상수원보호구역이라 집 지을 허가가 나지 않고 환경청에서 강 주변의 땅들은 양평까지 매수해서 공원화하니 이젠 집을 짓고 싶어도 지을 수가 없다고 하셨다. 이 집도 수시로 들락거리면서 팔라고 해서 성가시다고 덧붙였다.

  그래서 그랬을까. 작년 가을, 지인들과 정약용 생가 근처를 산책하다가 지인이 3년 정도 이곳에서 살아보고 싶다고, 잠시 있을 집이 없을까 해서 부동산 중개업소를 찾았는데, 중개사분이 말했다.

  "이곳에서 전세든 매매든 구하는 것은 하늘의 별별 따기만큼이나 어렵다."

  그 말이 생각났다. 그 정도로 경관이 뛰어나고 서울과도 가까워서 누구라도 살고 싶은 곳이라는 뜻일 터. 수질 보호를 위해서 그 주변의 음식점들도 영업을 못 하게 했다니 집을 짓는 일은 더 어렵다는 것은 사실이었다.

이곳은 내가 꿈꿔도 이루어질 수 없는 강변의 예쁜 집인가 싶어 그분이 더 부러웠다. 커피 잘 마셨다면서 다음에 놀러 오면 집 안에서 차를 대접해 주시겠단다.

여자가 남자보다 오래 사는 이유가 분명 있다고 하시면서 하루에도 많은 여행객이 집 앞을 지나다니는데 대부분 여자인 것을 보면 여자가 남자보다 훨씬 오래 사는 것이 증명되었단다.

남자들은 퇴직하고 나면 기원이나 들락거리거나 집에 들어앉으니 건강이 안 좋아진다고 걱정하시면서 단풍 모으는 기계를 짊어지고 사라지셨다.

무언가를 기르는 건 시간과 정성과 애정이라고 하던가, 요즘도 나는 가끔 연꽃마을, 그 집의 안부를 묻는다.

# 내게도 이런 행운이

 냉동실에 넣어 둔 '부라보콘'이 소프트아이스크림이 되어 있다. 이상하다. 문을 잘못 닫았나 싶어 대수롭지 않게 생각했다. 잊고 있다가 며칠 지나서 생각이나 들여다보니 냉장고 안, 밑 칸에 물이 조금 고여 있었다.
 봄에 남해에서 사둔 바지락을 만져보니 흐물흐물하다. 그때야 냉동실이 고장 났다는 생각이 들었다. 오래 얼려둔 것은 조금씩 녹고 있고, 넣어둔 지 얼마 되지 않은 것들은 거의 다 녹았다.

 오뉴월 삼복더위에 냉동실이 고장 났다는 것은 가족들의 먹을거리를 담당하고 있는 주부로서 여간 심각한 사태가 아닐 수 없다. 냉장고를 들여놓은 지 8년째. 얼마 안 된 것 같은데 그렇게 세월이 흘렀다.
 그런데다 엊그제 남해에서 자반 한 상자와 갈치를 사서, 냉동실을 정리해서 넣으려고 김치냉장고에 넣어 놨는데 큰일이다. 요즘 가족들이 헬스장 PT를 받느라 저녁은 닭가슴살로 대신해서 그것도 한 상자 쟁여뒀는데, 어떡하지? 옥수수도 밥에 넣어 먹으려고 작년에 한 자루 까 뒀는데, 잠이 오지 않는다. 입주할 때 조합원들에게 건설사에서 준 붙박이 냉장고가 있긴 하지만 냉동실에 쌓아둔 것을 넣기에는 많이 부족했다.

다음날, L 전자 서비스센터에 접수하니 상담원이 2주 후에 방문한단다. 여름이라 밀려서 그렇다는데, 얼마 전, 남편 지인이 에어컨 고장이 나서 신고를 하니 2주 걸린다고 한 것을 봐서 기다려야 하는 건 현실이다.

접수는 스마트폰으로, 화면을 넘기면서 이름, 주소, 모델명을 써넣어야 한다. 아니, 나처럼 나이 들어 눈이 나빠지거나 기계치인 사람들은 어떻게 접수하라고 이렇게 만들어 놓았데, 하면서 투덜거렸다.

2주 후면 냉동실 물건들은 조리할 수 없다고 봐야 한다. 요즘 물가가 많이 올라 생선은 부르는 게 값이다. 그런데다 우크라이나와 러시아가 전쟁 중이라 기름값이 천정부지로 올라서 고기 잡으러 바다로 나가지 못한다지 않은가.

외출했다 들어온 큰아들한테 상황을 설명하니 그는 다시 서비스센터에 연락했다. 1주일 후에 온단다. 그나마 일주일이 줄었다.

아니 무슨 상담업무가 고무줄이야? 1주일로 줄어들게, 우리의 딱한 사정이 먹혔나? 마음은 여전히 뒤숭숭해서 일이 손에 잡히지 않았다.

아들이 접수한 그 날 저녁 8시쯤에 한 통의 낯선 번호로 전화가 왔다.

"L 전자 서비스센터입니다. 지금 방문해도 되겠습니까?"

"물론 저는 대단히 고맙습니다 입니다."
"그럼 5분 안에 가겠습니다. 그동안 냉동실에 물건 다 치워주시기를 바랍니다."
일부는 김치냉장고에 넣어뒀는데 다행이다. 큰애랑 나는 냉장고 앞에서 손놀림이 바쁘다.

서비스직원이 도착했다. 통통한 체격에 인상이 좋다. 그분은 냉장고를 빼냈다. 그리고는 냉장고 뒤쪽을 와서 보란다.
"냉장고 뒤에 있는 모터가 오래 쓰다 보니 먼지가 많이 쌓여 있습니다. 냉각 패널이 막혀 냉장고 내부에서 냉매가 열을 식혀주지 못합니다. 이 일로 모터가 열 통풍이 안 되니 과열로 인한 모터 동작이 어려워 냉동실이 정상 기능을 못 해서 생긴 현상입니다."
실외에 설치가 되어있으면 이런 일은 발생 되지 않는데 실내라 가끔 발생한다는 게 그의 설명이다.
거실 에어컨이 있긴 하지만 찬 공기가 부엌까지 오는 데는 거리가 있어 나는 싱크대 앞에 서서 식사 준비할 때 등 뒤에 선풍기를 켜 놓는데, 기사는 근무복장에 조끼까지 입었으니 땀을 많이 흘렸다.

먼지 때문에 선풍기를 켤 수도 없으니 더 난감했다. 그는 8년 동안 쌓인 먼지를 청소기로 깔끔하게 정리해놓고 일어섰다.
"제 인생에 이런 행운이 몇 번 없었는데 감사합니다. 기사님이 아니었으면 1주일 동안 냉장고 걱정에 제 머리는 터져버렸을 겁니다."
 내가 말했다.

 "그렇게 말씀해 주시니 제 일에 보람을 느끼네요. 출장비가 나가니 여기 온 김에 우리 회사 제품 중에 고장 난 것이 있으면 갖고 오세요. TV는 말고요." 아직 저녁 식사하지 못했을 건데 정말 감사하다고 했더니, 집에는 퇴근한다고 했지만, 냉장고가 고장 났다는 게 신경 쓰여 여기로 와버렸단다.
 "아내한테 저녁 같이 먹자고 했는데 갑자기 오는 통에 아직 연락을 못 했는데 미안하게도 계속 전화가 오네요."
 어디 사는지 여쭤봤더니 집은 잠원동이란다. 멀지 않아서 다행이다. 접수는 누가 했느냐고 묻는다. 처음에는 제가 했고 나중에 아들이 했다고 하니 아드님이 참 잘하시네요, 했다.
 "그러게요, 얘가 딸이 돼야 했었는데."
 기사는 밝게 웃고 나갔다.

 다음날 휴대전화기로 설문지가 도착했다. 아마 실적에 반영될 거라 그렇겠지. '대만족'이라고 보냈다. 내가 그분에게 할 수 있는 것은 이것뿐인 듯했다. 그분은 어디에서든 몸에 밴 친절로 회사의 위상을 높이고 주위를 따뜻하게 할 분으로 보였다. 흔히 '그 심성 어디 가나요.'

 언제부터인가 우리나라의 서비스 업종이 아주 친절해졌다. 기업 간의 경쟁 때문이라고 하기에는 설명할 수 없는 기분 좋은 뭔가가 있다.

어찌 됐든 소비자 입장에서는 고무적인 현상이다. 나라의 위상이 높아지고 경제가 발전하면서 서비스 업종에도 많은 공을 들이고 있으니….

# 11개의 택배 상자

 지난해 늦가을, 남해에 사는 여동생이 택배를 보내왔다. 단감, 유자, 상추, 고추, 참깨, 참기름, 시금치 등 먹거리가 가득하다. 친정과 시댁 동기간들과 주변의 친인척들까지 보내야 해서 택배 상자가 11개란다.

 동생은 가끔, 마당에 길게 줄 세워놓은 택배 상자에 넣기 위해 냉동실을 턴(?)단다. 집안의 맏며느리인 그녀는 먹거리를 쟁여 놓고 산다. 그래야 맘이 편하단다. 습관이겠지만 챙길 사람이 많아서이기도 하겠지. 그래서 냉장고도 많이 들여놓았다. 손이 크니 다섯 개 냉장고 문을 열어젖혀도 모자라 이웃의 냉동창고까지 빌려서 얼려 놓은 것들을 가져오면 짐 싸는 작업은 싹싹하고 부지런한 공무원을 정년퇴직한 제부의 몫이다. 이 일을 결혼하고부터 지금까지 하고 있다.

 봄 되면 머위잎이 올라왔다고, 쌉싸름한 향이 좋다고 한 주먹 삶아 보낸 머위 옆에는 달래도 한 움큼 들어있다. 양념간장 만들어서 밥도 비벼 먹고 쌈도 싸 먹으란다. 남해의 비릿하고 향긋한 봄 내음이 서울까지 당도했다. 머위잎이 억세지면 줄기가 빳빳하게 키를 올린다. 그러면 낫으로 베서 또 보낸다. 삶아서 껍질

까고 볶아서 나물도 해 먹고 국도 끓여 먹으란다.

그러다가 유월이 되고, 바닷물이 잠잠해지는 여름이 오면 내 동생 가슴은 또 설렌다. 장어 철이 왔기 때문이다. 낚시를 좋아하는 동생은 시어른이 살아 계실 때부터 시어른과 제부와 낚시를 즐겼다. 날씨도, 물도 잔잔한 날은 바다에 낚싯대 던져놓고 손끝에 신경을 집중하는 몰입의 기쁨을 좋아한단다. 그렇게 물속에 멍하니 있다 보면 근심 걱정 없는 무아지경이 되고 그렇게 몰입을 좋아해서 직장에 갔다가 퇴근한 제부를 졸라 주말이면 바다로 나간다.

해거름에 나갔다가 몇 시간 동안 물 위에서 떠돌다 보면 주변 낚싯배의 불빛이 보이지 않고 그럴 때면 슬그머니 장비를 걷어 집으로 와서, 마당 끝 수돗가에 불 밝히고 부부가 마주 보고 앉아 밤새 잡은 장어를 손질한다. 미리 채비해 두었던 벼린 칼로 작업을 하고 잠자리에 드는데 그 시간은 새벽 두 세시를 넘는다고 했다.

머리와 뼈, 자잘한 장어는 국 끓이려고 가마솥에 고아두고 구이로 먹을 수 있는 크기는 배 기름값 한다고 시중보다 싼 가격에 판다. 그 어떤 장어집보다 야들야들하고, 고소해서 내 뒤로 줄을 서서 기다리는 사람들이 전국에서 목을 빼지만, 원한다고 다 받을 수 있는 장어가 아니다. 자연이 도와줘야 한단다. 바닷물 온도와 기상 상태 눈치도 살핀다.

장어 철이 끝나고 나면 다시 택배 상자를 마당에 들여놓는다. 각각의 사연에 맞게 눈물과 위로와 고마움과 그리움을 담아 보낸다. 음식솜씨가 뛰어난 동생은 데치고, 무치고, 볶은 반찬을 상자마다 조금씩 담고 오매불망 막내딸 반찬만 기다리는 친정엄마에게는 더 넣어 보낸다. 그렇게 보내고 나면 한동안 안심한다.
"너거는 요즘 무슨 반찬 해 먹노?"
엄마의 전화는 오지 않을 거라고.

택배 상자 속에는 장어 뼈를 고아서 얼린 뽀얀 국물과 모기 들끓는 밭에서 딴 방앗잎이 들어있다. 장엇국 끓여 먹으란다. 그러면 나는 숙주, 시래기, 대파, 청양고추, 고춧가루, 마늘, 부추, 된장과 방앗잎을 넣고 장엇국을 끓인다. 온 집안은 비린내가 진동하지만, 펄펄 끓은 국을 익은 열무김치와 땀 뻘뻘 흘리면서 밥 한 그릇 먹고 나면 긴 겨울을 거뜬하게 날 것 같은 기운이 솟는다.

장어 철이 끝나고 늦가을이 되면 몸이 잽싸고 야무진 동생은 동네방네 다니느라 바쁘다. 나와 지인이 주문한 농작물을 사러 다닌다. 매서운 매의 눈으로 물건을 보는 눈은 누구에게도 뒤지지 않는다.
동생이 보내주는 물건은 절대적으로 신뢰한다. 99%의 품질 때문이다. 의혹이나 의심은 한 점도 들어있지 않다. 간혹 내 주변 지인들이 부탁해서 동생이 발품 팔아 보내주면 '남해 참깨는 향도 좋고 탱글탱글하다'라고 고맙다고 하며 무엇을 주문해도 물건이 좋다고 칭찬이 자자하다. 그러면서 웃돈을 더 얹어 보내주는 이도 있고, 또 어떤 이는 '앉아서 편하게 받아먹는 게 미안하고 고맙다며 동생이 서울 오면 이야기하라고 밥 한번 대접하고 싶다'라고 말하며 덧붙였다.

"좋겠다, 저런 동생이 있어서."

씩씩한 동생은 언제나 '인류애'가 넘친다. 시어머님을 모시고 사는 동생은 눈만 뜨면 바쁘다. 그렇게 설쳐대다가 가끔은 몸살로 끙끙 앓는다. 그래도 그때뿐이다. 털고 일어나면 다시 시작한다.

"언니, 볼락 넣은 초롱 무 김치가 다 익었는데, 낼모레 보낼끼다. 맛있게 잡수셔."

동생의 전화가 해마다 이맘때면 온다. 받은 김치는 동생이 김장할 때 밭에서 뽑아다 볼락이 새끼랑 소금, 고춧가루 넣고 버무려 큰 항아리에 넣어 익혀놓았다가 새해, 구정이 되기 전에 집집이 보내는 첫 택배다.

볼락 김치는 시원하고 아싹거려서 어떤 김치보다 우위에 둔다. 어떤 때는 수고한 동생 부부에게 점심 한 끼라도 사 먹으라고 돈을 조금 보내주면 보내준 택배보다 더 많은 먹거리를 사서 또 택배로 보내온다.

그렇듯, 동생과 제부는 지금쯤 볕 좋은 날 골라서 깊숙한 항아리에서 꺼낸 '볼락 김치'를 전국으로 보내려고 또 택배 상자를 줄줄이 마당에 늘어놓고 있겠다.

# 사랑해 그리고 기억해

'같이 걸을까'라는 방송 프로그램에서 좋아하는 가수 god를 소개했다. 이들은 스페인 산티아고 순례길 중에, 프랑스 루터를 걷는 일정이다. 프랑스 남쪽 끝에 있는 생장피르에서 국경을 이루는 피레네 산맥을 넘어 산티아고 콤포스텔라 대성당까지 가야 한다.

이 대성당은 예수의 12사도 중 하나인 야곱이 묻힌 곳으로 알려졌으며 산티아고 순례길은 1997년 파울로 코엘료의 『순례자』가 출간되고 더 유명해졌다. 이 팀이 1994년에 결성된 후 2주간의 여행은 20년 만에 처음이라니 이들을 좋아하는 팬의 한 사람으로 몹시 설레었다.

더구나 2007년에 한 번 해체했다가 2014년 다시 결합해서 그런지 더 그랬다. 그런데다 스페인은 2018년 봄, 큰아들과 갔다 온 나라이기에 더 반가웠다. 우리는 다른 지방을 다녔지만, 그 맑고 푸른 하늘과 건조한 기온, 고요가 머무는 것 같은 초록은 여전히 아련한 추억이다.

멤버들을 이끌고 있으며 이들의 정신적 지주이자 요즘 뜨는 예능계의 대세로 활동하고 있는 박준형과, 영화 '범죄도시'에서 장첸 역할로 배우로서의 입지를 다진 윤계상, 정상급 보컬리스트이자 연예기획사 대표인 김태우와 라디오 DJ와 배우로 활동하고 있는 손 데니, 그리고 그룹의 살림을 맡아 하며 뮤지컬 배우인 손호영, 이렇게 다섯이 뭉쳤다.

  1999년 1집 앨범, '어머님께'를 시작으로 수많은 상을 휩쓸며 20대부터 60대까지 골고루 사랑받는 이들은 가수로서는 처음으로 '국민가수'라는 호칭을 얻었다.

  300km를 목표로 하루에 30km를 걷는 지루한 길이다. 그런데도 무조건 재미있을 거라고 장담하는 태우, 설레어서 1시간의 잠밖에 자지 못하고 새벽 3시에 여장을 꾸리고 서성이는 계상이, 이들은 약속한 5시 30분에 첫 일정을 시작한다.

  그 시각, 밖에 나오니 아무것도 보이지 않는 암흑천지다. 밤하늘엔 그리움처럼 반짝이는 오리온자리가 선명하고, 뿌옇게 동터 오는 일출의 장엄함을 기도하는 마음으로 지켜보고 서 있다.

  1년에 30만 명이 걷는다는 순례길은 늦여름이라서 그런지 사람 그림자는 보이지 않는다. 며칠 지나서 알게 된 것은, 다른 순례객들은 새벽에 시작해서 몇 시간 걷고, 뜨거운 한낮에는 쉬다가 시원해지면 길을 나선다는 것이다.

  섭씨 35~36℃를 오르내리는 날씨와 끝없는 아스팔트 열기로 인해 이들은 지쳐가기 시작한다. 그래도 위로가 되는 건 길게 이어진 옥수수밭과 가끔 서 있는 해바라기다.

  그때 누군가 로키 음악을 들려준다. 1976년 개봉한 영화로, 빈민가 복서 로키의 도전을 그렸다. 가장 유명한 장면은 로키의 마지막 훈련 장면이다. 이 음악으로 다시금 에너지를 얻어 걷거나 뛰면서 나아간다. 호영이도 이 음악을 들으면 왠지 영웅이 된 것 같은 느낌이 든다나.

 첫날 걷고 나니 호영이 발바닥에 물집 잡혔던 것이 나날이 심해지면서 절뚝거린다. 건장한 성인 몸무게로 누르며 걷자니 고통이 어떨지는 짐작이 되지만, 매일 30km씩 걷는다는 게 보통일이 아니다.
 멤버들은 예전부터 호영이의 집념은 누구보다도 강하다고 입을 모은다. 힘들면 잠시 혼자서 차를 타고 이동하는 '꼼수'를 부려도 되는데 일정이 끝날 때까지 고통을 감수한다.
 어떨 때는 '헐렁이 춤'으로 발바닥에 가해지는 힘을 분산시키기도 하고, 숙소에 돌아가면 발을 딛지 못하고 기어 다닐망정 함께 걷는 시간만큼은 최선을 다한다. 가끔은 발을 끌고 동료들 빨래도 널어주는 하는 자상한 엄마역할을 한다. 허리가 좋지 못한 계상이도 고생 많이 했다.
 걸은 지 며칠 되니 허리에 신호가 오는지 길바닥에 누워버렸다. 원래 성격이, 낙오되거나 좋지 못한 모습 보이는 것을 수치로 생각한다는 그가 얼마나 견디기 힘들었으면 저랬을까 싶다.

 그다음 날부터 그는 복대를 하고 다녔다. 며칠 지나니 부상자가 속출한다. 제작진과 의논 끝에 걷기가 조금 수월한 코스를 타기로 한다. 그곳은 지금처럼 한여름 날씨는 아니다. 가끔 그늘도 있다. 그래도 건조한 날씨에 끝없는 오르막은 역시나 쉽지는 않은지, 심장이 터질 것 같다고 고통을 호소한다.

걸으면서 만난 사람 중에는 독일에서 700km를 걸어왔다는 독일 부부도 있었고, 프랑스에서도 700km를 넘어왔다는 사람을 만나게 되니, 걷는다는 것이 숭고하게 느껴졌다. 호기심에서 시작한 길이, 진정한 나의 내면과 만나 삶의 철학을 깨닫게 되는 소중한 길이었으리라.

부엔까미노는 '좋은 길'이라는 뜻이다. 숲길과 산길, 계곡이 있는 길도 있고, 목장이나 초원, 옥수수밭을 지나가는 등 평소에 만나보지 못한 수많은 길을 지나게 되고 문화유적도 만난다.

동화 속에서나 있을법한 성당을 보게 된다든지, 세계의 무수한 사람들과 인사를 하고 지나가다 보면 다른 나라의 문화를 접하게 되는 경험을 하게 된다. 간혹 우리나라 사람도 만나 반가움을 나눈다.

그들의 노래 〈길〉, 〈촛불 하나〉, 〈사랑해 그리고 기억해〉, 〈거짓말〉 등으로 한때 나도 많은 위로를 받았다. 나뿐이 아닌, 이들을 아끼는 많은 사람은 그때의 그 몸짓과 음성을 기억할 것이다.

다른 이들은 내가 생각한 이미지랑 같았는데 계상이는 달랐다. 분위기가 처져있다 싶으면 예의 그 '미친놈 끼'가 나온다. 갑자기 구령을 붙인다든지, 질주해서 웃음을 유발한다든지, 이상한 몸짓으로 걷거나 뛴다든지, 혼자서 가라앉은 분위기를 추켜세운다.

"아, 좋다."

예전부터 자기는 그랬던 것 같다고 회상한다. 분위기 봐서 그렇게 외쳐 주는 게 그의 소임이었다고 그는 이야기한다.

데니는 이번 여행에서 자기를 내려놓는 것을 배웠단다. 누구는 저만큼 가서 이루어 놓은 것도 많은데 나는 왜 이것밖에 되지 못하는지, 하면서 속상했는데 이제는 온전히 자기를 인정하고 사랑하는 마음을 갖게 되었단다.

준형이는 마지막 날 밤, 헤어지기 아쉬워서 잠 못 들고 눈물을 흘린다. 예전에 혼자 '순풍산부인과' 촬영할 당시, 돈 벌어다가 멤버들 먹거리를 책임졌는데 그때 끓여주었던 고추장찌개를 기억하는지 다들 그때의 매콤한 찌개가 먹고 싶다고 끓여달라는 성화에 고추장을 풀면서 뒤돌아서서 울고 있었다.

굶기를 밥 먹듯이 하던 시절이었으니, 태우가 배고프다고 자주 징징거렸다고 하면서, 그 시절을 회상했다.

마지막 10km를 남겨두니 그동안 서로를 격려하며 걷던 생각이 나는지 호영이는 헤어지고 싶지 않아서 다리 건너기를 망설이고, 준형이도 500m도 남지 않은 길에서 모래시계에 모래알이 빠져나가듯이 시간이 빨리 떨어지고 있다고 아쉬워한다.

그동안 거친 세상에 살아남으려고 온 힘을 다해 살아왔는데, 여기에서는 예전의 그 시절로 돌아간 듯, 평화로웠다. '오랜 친구라는 건, 무엇이 되기 전에 만나서 더 소중하다는 것처럼.'

"우리는 하늘이 축복해 준 인연이야. 아무리 도망치려 해도 안 돼. 우리 멤버는 평생 함께할 친구들이야. 우리는 운명처럼 이어져 있어."
 준형이의 음성은 그가 얼마나 이 멤버들을 자랑스럽게 생각하는지 느끼게 해 주는 대목이다.

 20년 우정인 그들의 애틋한 추억만큼 우리도 그들의 음악을 사랑하던 우리의 그 시절을 기억하며 그리워할 것이다.

■ 해설

# 모든 문학은 이야기에서 출발한다.
-양혜정 수필집 『미루나무는 그때도 예뻤을까?』

박상률(작가)

 양혜정 수필가는 산에 오르기를 좋아하고, 걷기를 좋아하고, 여행을 좋아하고, 책 읽기를 좋아한다. 마침내는 그러한 것 모두 글쓰기로 이어진다. 산에 오를 때 이야기가 탄생하고, 도시를 걸을 때 이야기를 거두고, 여행하면서 이야기를 나누며, 책을 읽으면서 이야기를 쌓는다.
 산에 오를 때는 나무와 꽃, 나아가 바위에 이르기까지 자연스레 말을 주고받는다. 길가의 풍경들도 가벼이 지나치지 않는다. 그의 눈에 띈 건 모두 그의 몸속으로 흘러 들어가 이야기로 저장된다. 같이 걷거나 여행을 함께 하는 일행이 있을 땐 그 일행조차도 그의 이야기 동무가 된다. 그뿐만 아니라 책을 읽을 때는 책 속의 인물들에게 말을 걸고 말을 받아 적는 것 모두 자연스럽다.
 따라서 그의 이야기, 주머니는 늘 가득 차 있다. 그의 이야기, 주머니에 들어가는 이야기는 앞에서 든 것만이 아니다. 친구나 가족의 이야기도 그의 이야기, 주머니에 담긴다. 파란만장하지는 않지만, 그 또래의 평균치 삶을 산 작가 자신의 이야기도 담기고, 자식과 남편의 이야기도 담긴다. 꼬리에 꼬리를 물고 이

어지는 이야기. 이는 양혜정 수필가가 타고난 이야기꾼이라는 말이기도 하다.

  시, 소설, 동화, 수필 할 것 없이 모든 문학은 이야기에서 출발한다. 단지 문학이라는 개념이 생기기 전 구술문화 시대엔 입에서 입으로 이야기가 전해지며 한 공동체의 의식을 형성시켰다. 농사나 수렵, 생활 방식 모두 음성 언어인 말을 통해 윗세대에서 아랫세대로 이어졌다. 인간이 문자 생활하면서부턴 차츰 문자언어로 이야기를 기록하기 시작하였다. 이게 문학이 되었고, 문학도 차츰 장르가 나뉘기 시작했다.

  수필은 수필이라는 말을 얻기 전부터, 일찌감치 시작되었다고 본다. 수필의 처음은 자신만을 독자로 상정한 일기 쓰기에서 시작하여 편지쓰기로 이어졌으리라. 편지는 편지를 받는 당사자가 독자인 셈이다. 일기는 독자가 일기를 쓴 자신 한 사람이지만, 편지는 편지를 쓴 자신과 편지를 받은 상대방까지 해서 독자가 둘이다. 수필은 이런 사적이고 미미한 일에서부터 시작되었는지 모른다. 지금은 인터넷이 발달하여 온라인상에 올리는 각종 글 모두 일기와 편지의 연장이다. 그러한 글이 문학성까지 갖춰 모두 다 수필이 되는 건 아니지만….

  양혜정 수필가는 전통적인 이야기꾼 기질이 있고, 그는 수필이라는 그릇에 이야기를 잘 담아낸다. 그의 글쓰기도 일기 쓰기에서부터 시작했다.

- '그때 그 사람' -

  언제부터 나는 자물쇠가 달린 일기장에 그 친구에 대한 관찰 일기를 쓰기 시작했다. 말 한 번 주고받지 못한 채 몇 달을 지켜보고 있다가 나도 모르게 스며들듯 시작했다. 사춘기라 그랬는지, 겉멋이 들어 그랬는지 그 당시 읽고 있는 책도 전혜린의 『그리고 아무 말도 하지 않았다』이거나, 릴케를 사랑하며 니체, 프로이트 등 당대 최고의 천재들에게 영감을 주었던 루 살로메의 평전을 읽거나, 『루이제 린저의 생의 한가운데』를 만나고 있던 때라, 뜨겁지 않으면 차가운 탓에 가끔 염세주의 흉내를 내곤 했다. 그래서 말이 없는 그 친구 K가 내 시야에 들어왔나 보다.

고등학교 2학년 때 자췻집 옥상에서 K라는 애를 처음 만났다. 좁아터진 방에서 벗어나 시원한 옥상으로 가면 그 친구가 있었다. 그때는 사춘기여서 그랬는지 그 아이의 모든 것이 멋져 보였다. 그러나 현실에서의 '진도'는 그뿐이었다. 그래서 자신의 속내를 일기에 담았다. 전후 사정은 수필 한 편이 될 정도로 양혜정 수필가의 입담이 좋다. 그러면서 그 시절을 아주 요령 있게 매조지 한다.

아마 그때, 나는 전혜린에게 빠져서 유럽의 회색빛 하늘과 가스등과 사랑이라는 실체도 없는 고독을 동경했던 게 아니었을까.
- '그때 그 사람' -

고독조차도 멋있어 보이는 때가 사춘기 시절이다. 그래서 고독을 사랑하고, 현실에선 이성 친구를 통해 고독을 느껴보고 싶었으리라. 흔히들 인생의 부자는 추억이 많은 사람이라 한다. 추억의 곳간에 쟁여져 있는 이 풍경. 확실히 그는 부자이다.

 그의 추억이 마냥 아름답기만 한 건 아니다. 신혼 시절 그도 생활고에 시달렸다. 그러기에 남편의 '낭만'도 싸움거리가 되어야 했다.

 1986년도 남편 월급이 29만 원 정도였다. 적금 붓고, 연탄 넣고 세금 내고 나니 생활비는 한 달에 3만 원 정도가 남았다. 거의 매일 인근에 있는 암사시장에서 천원에 다섯 마리 주는 오징어를 사 와서, 무 넣고 끓인 오징어 국만 먹고 살았다. 어느 날은 빵을 좋아하는 그이가 월급봉투를 받아 오면서 3천 원을 덜어 빵을 사서 안고 만면에 웃음을 달고 퇴근했다. 그 일로 둘은 밤을 새워 싸웠다.

- '3월의 크리스마스' -

 시댁에서 분가하여 전셋집을 얻어 어렵사리 생활하는 터라 아내 처지에선 한 푼이라도 더 아껴야 했다. 남편은 월급날 빵 봉지를 안고 기분 좋은 웃음을 머금고 귀가했다. 290,000원 월급에서 무려(?) 3,000원이나 덜어 빵을 사 왔다, 하지만 아내의 반응은 달갑지 않았다. 달갑지 않은 정도가 아니라 그 일로 신혼부부는 밤새 싸웠단다. 저간의 사정을 다 말하지 않아도 왜 싸웠는지 알 수 있다. 아내라고 빵을 사 온 남편의 마음을 모르겠는가, 빵이 싫었겠는가!

그런 마음으로 한 결혼 생활이 40년 가까워졌다.

38년을 살았으니 더 이상 새로울 것도 설레는 것도 없다. 문정희 시인은 '부부'라는 시에서 '결혼은 사랑을 무력화 시키는 긴 과정'이라더니 맞는 말 같다. 뭘 해도 신나지 않고 즐겁지 않은 이 무료함이라니. 아들들이 결혼해서 꼬물꼬물한 손자들을 안겨주면 둘이 눈 맞추고 웃을 일 있으려나.
(…)
38년 전, 굵은 눈송이 펑펑 날리던 날, 머리에 포마드 기름을 바른 채 말쑥한 곤색 양복을 차려입고 잡아주던 두툼하고 따뜻했던 손. '비가 오나 눈이 오나 변하지 않을 자신이 있다던 사랑의 맹세'는 어느 틈에 세월 따라 바래져 버렸는지….
- '사랑의 맹세, 38년' -

부부는 같이 살면서 내면과 겉모습이 닮아가기도 하지만, 더 많은 세월이 지나면 서로 무덤덤해지며 민숭민숭해진다. 결코 젊을 때보다 덜 사랑해서 그런 게 아니다. 불같은 사랑의 자리에 측은지심 내지는 연민이 대신하기 때문이다. 이는 상대방의 모습에서 자기 모습도 볼 만큼 성숙했다는 얘기다.

38년 전의 젊은 신랑은 월급날 월급 축내 빵을 사서 왔다고 아내에게 '잔소리'를 들었지만, 아내 사랑은 여전하다.

집에 도착하니 밤 8시. 식탁에는 노란 베고니아 화분과 알록달록한 케이크가 놓여있고, 그 곁에 앉은 남편과 작은아들이 나를 맞았다.

- '사랑의 맹세, 38년' -

 결혼기념일 날, 아내가 외출했다가 집에 들어가니 남편은 그날을 잊지 않고 다시 '낭만 남편'이 되어 있다. 아내가 좋아하는 꽃 화분과 케이크를 놓고 아내의 귀가를 기다리고 있었다. 이번엔 혼자가 아니었다. 두 사람의 '결실물'인 아들이 함께했다.
 양혜정 수필가는 결혼 뒤 5년이나 아이가 안 생겨 걱정이 많았다. 그래서 아파트 꽃밭을 가꾸며 아이를 기다렸다.

 아이를 기다리면서 아파트에 있는 꽃밭을 가꾸기 시작했다. 가까운 한강에서 허리 가녀린 코스모스를 퍼 와서 바람에 잘 견디라고 깊이 심고는 발로 꼭꼭 다져주었고, 산책하다 해바라기 모종이 촘촘한 곳이 있으면 뽑아다가 키만큼 햇볕 잘 들라고 듬성듬성 심었다. 땅에서 피어난 것 같은 채송화는 장마철에 장대비가 사정없이 퍼부으면 여린 몸이 물에 둥둥 떠내려갈까 봐 남편이랑 배수구를 얼마나 멋지게 만들었는지. 꽃을 좋아하는 이웃들이 종종 들러 놀다 가곤 했던 한여름의 수채화 같았던 꽃밭. 어느 글에서 채송화는 출근하는 아빠들에게 흔드는 아기의 손 같다고 했다.

 남편의 퇴근길을 아이랑 마중하는 오붓한 행복을 꿈꾸며 가꾸었던 꽃밭은, 보라색 나팔꽃 줄줄이 이층 창문을 타고 올라가 이른 새벽을 깨우고야 이슬을 털었고, 햇살이 푸짐한 아침엔 살며시 엎드리면 밤사이 자기들끼리 피워낸 수다를 소곤소곤 낮은 소리로 다정하게 들려주었던 작은 정원. 채송화 씨앗이 여물고 해바라기 대가 허리에 바람이 들어 마른 삭정이로 꺾어지고, 나팔꽃 청청한 줄기가 시름시름 야위어 갈 때쯤엔 내 가슴도 삭아 내리고 있었다.

- '그때, 너는 어디쯤 오고 있었니?' -

 엄마 본인이 책을 좋아해 마을문고 봉사 활동을 오래 하기도 했지만, 아이가 생긴 뒤론 책이 있는 마을문고가 곧 생명을 키우는 곳이기도 했다.

 오랫동안 마을문고 봉사했다. 봉사라기보다는 내가 좋아서 시작한 일이었다. 책은 나와 수시로 교감하는 내 영혼이며 가장 가까운 벗이었다. 그런 내가 결혼 후 5년 만에 어렵게 아들을 얻었을 때는 새 생명을 잘 키우는 것이 나의 사명이었고 내 존재 이유가 되었다.

- '책의 향기' -

 마을문고 봉사는 큰 아이가 5살, 작은 아이가 3살 때부터 시작했다고 한다. 아이들은 유치원 갔다 오면 엄마가 봉사 활동하는 마을문고로 가 그림책을 보기 시작했다. 아이들은 점차 책 읽는 일을 당연하게 여기게 되었다.

 책을 가까이하지 않는 남편도 평생 그때가 제일 책을 많이 읽었을 거다. 역사소설을 좋아해서 많이 권해줬다. 어떤 때는 흥미가 없다고 할까 봐 내가 읽어보고 줄거리를 요약해서 흥미를 유발해주면 남편이 읽고는 했다. 그때가 내 기억 속에 가장 멋진 남편의 모습이다. 어떤 때는 중학교, 고등학교 두 녀석이 학교 갔다 와서 열쇠가 없으니 집에 들어가지 못하고 아파트 느티나무, 노란 잎사귀들 밑에서 문고가 끝나기를 기다리며 푸른 교복을 입고 서 있던 모습은, 어느 명화의 한 장면보다도 근사하게 남아 있다.

- '책의 향기' -

아이들뿐만이 아니다. 남편도 그때가 책을 가장 많이 읽은 시절이었다. 아이들은 학교 갔다 오면 엄마가 문고 일 끝날 때까지 기다리며 느티나무 노란 잎사귀 아래에서 푸른 교복을 입고 서 있었단다. 엄마는 어느 영화의 장면보다 그 장면이 근사하다고 여긴다. 좋은 추억이 많은 양혜정 수필가, 서슴지 않고 부자라 할 만하다!

물론 책을 좋아한 아이들이라고 아무런 일없이 자랄 리 없다. 특히 작은아들.

그래서 난 "한 번만 더 그랬단 봐라 밖으로 쫓아 버릴 거니깐" 했더니 기회는 이때란 뜻인지, 아니면 아들이라면 끔뻑 넘어가는 엄마가 그럴 수가 있냐는 듯, 서운한 심사를 그런 뜻으로 표현하는지 모르지만, 잠바를 걸치는 거였다. 그리곤 비닐을 찾더니 서랍에서 옷을 주섬주섬 꺼내 마구 쑤셔 넣는 거였다. 이 모양을 처음부터 지켜보고 있던 큰아들이 "너 아마도 무서워서 계단도 못 내려갈걸. 학원 갔다 올 때도 맨 날 엄마 불러서 현관문 열어 놓으라고 벌벌 떨잖아. 아무리 집 뒤가 산이라지만 너처럼 무서움 많이 타는 애는 처음 본다. 너 나가면 엄마, 아빠는 밤마다 편하게 주무시겠지. 맨날 네가 잠자다 와서 몸부림치는 통에 엄마가 너 때문에 요에서 밀려나 방바닥에서 주무시는 거 알지? 잘됐다."

하면서 부아를 긁고 있었다.

난 마냥 어린애 같은 녀석이 어디서 저런 맹랑한 일을 저지르려고 하는지, 가슴이 벌렁거렸다.

"그래 너 나가라. 나가면 어디서 너 받아주나 봐라. 아마도 지하철 앵벌이 아니면 남들 피해주는 사기꾼밖에 더 되겠냐. 모르지, 운이 좋으면 어디 괜찮은 곳 양자로 갈 테지만 아마 그렇게는 어려울 거다.

그리고 너희 아빠처럼 니들한테 잘하는 아빠 있나 보고, 엄마같이 너희들을 사랑으로 품어주는 엄마 있나 눈 씻고 잘 찾아봐라. 그리고 건강하게 잘 커라. 참, 다음에 어른이 되면 한 번 찾아 와 줄래?"

속상해서 내가 무슨 말을 하는지도 모르고 혼자 서러워서 마구마구 독설을 쏟아붓고 있었다.

- '집, 나갈 거야' -

자라서 아들들은 수필가인 엄마에게 '글감'을 곧잘 제공하는 효자(?)들이기도 하다. 수필가 엄마는 큰아들과 작은아들이 벌이는 행동과 말을 적기만 해도 글 한 편이 써진다. 그러나 아들을 대하는 엄마의 마음은 항상 애틋하기만 하다. 큰아들이 군대 훈련 마치고 잠깐 휴가를 나온 뒤 귀대하는 모습이 짠하기만 했다.

  부대로 귀대하는 날이었다. 훈련소에서 만나 같이 올라 온 친구랑 먹으라고 김밥을 싸는데 자꾸만 작게 말라고 했다. 식성이 좋아 뭐든 잘 먹는데 이상하다 싶었는데 알고 보니 긴장되어서 잘 넘기기가 힘들까 봐 그랬단다.
  돌아갈 때 타고 가는 차의 집결지가 종합운동장이었다. 우리 집이 있는 강동구에서 그곳으로 가려면 잠실을 거쳐야 했다. 올림픽 평화의 문을 거쳐 롯데월드 주변은 주말이라서 그런지 인파로 붐볐다. 오고 가는 모습이 부러운지 "엄마, 여기는 참 평화롭다. 저 자유가 저렇게 좋은 거였구나" 한다. 집에서부터 얼어 있는 녀석이었으니 오죽했겠느냐 싶었다. 장소에 도착하니 큰 소리로 몇 차례의 얼차려를 시키고는 차에 태웠다. 그 모습을 지켜본 가족들은 여기저기에서 흐느꼈다. 어떤 이는 울분에 차 있는지 표정이 얽혀있었다. 그러다가 어느 엄마가 "미친 놈들 우리 없을 때나 시키지 꼭 우리 앞에서 저러는 것을 보여줘야 하겠어!"하면서 소리 질렀다. 그렇게 녀석을 태운 차는 떠났다.

- '청춘의 독서' -

  신혼 땐 아이가 들어서지 않아 걱정을 많이 했지만, 지금은 아이들 덕분에 행복해하는 양혜정 수필가. '그렇게 녀석을 태운 차는 떠났'지만, 나중에 직장을 다니고 직장을 옮기기 위해 이직 공부할 때도 큰아들은 하고 싶거나 해야 할 일에 '엄마 자전거 가르쳐 주기'를 목록에 넣어 두며 엄마를 챙겼다.

  녀석은 이직이 되면 평소에 해 보고 싶었던 것을 실행하려고 적어뒀던 목록을 꺼냈다. 그 목록에 '엄마 자전거 가르쳐 주기'도 들어 있었다. 얼마 전에는 그동안 책상에 쌓아두었던 공부한 자료들을 밖으로 내어놓더니…. 비로서 아들도 나도 이직에서 해방된 느낌이 들었다. 나의 아픈 손가락, 수고 많았다.
- '너와 나의 해방일지' -

  큰아들 덕분에 자전거 타기도 배우고 자전거에 이름도 지어 주었다.

  내 자전거에 이름을 지어주고 싶어 몇 개를 가지고 가족들에게 의견을 물었다. 작은 녀석은 실리에 맞게 공모가가 얼마인가를 묻기도 했다. 가족들의 의견일치로 내 친구 '별'은 그렇게 탄생했다.
  (…)
  내 친구 별아, 큰 녀석이 직장 따라 멀리 가면서 너를 내게 데려다준 거야. 이제 나는 혼자 걷는 외로운 길이 아닌 너와 한 몸이 되어 달려 볼 거야. 우리 행복하자.
- '내 친구 별이' -

행복이란 대단한 게 아니다. 일상의 소소한 걸 누릴 수 있고, 덜 불행하면 그게 바로 행복이다. 아이들 잘 자랐고, 자전거도 탈 수 있고, 그런 걸 수필이라는 그릇에 이야기로 담을 수 있는 양혜정 수필가. 그의 행복은 이야기를 기다리고 찾는 일에도 있다. 이야기, 너는 지금 어디쯤 오고 있니?